高山先生の**若手スタッフシリーズ**

税理士事務所に入って3年以内に読む本

税理士 **高山弥生** 著

JN060122

税務研究会出版局

はじめに

　本書をお手に取っていただき、ありがとうございます。

　各税法の専門書はたくさんありますが、税法も法律の端くれ、難解です。入所して歴の浅い方には少々荷が重いのではないでしょうか。

　そこで、税理士事務所に入所して間もなく～3年目くらいの、まだまだ経験が十分ではない方への網羅的な実務書として本書を執筆しました。**入所歴の浅い方でも日常の業務をこなせるレベルになるために必要な論点を、4月から順に税法の垣根を越えて集めています。**税理士事務所の先輩所員と新人所員との会話形式を採用していますので、気軽に読んでいただけるのではないでしょうか。

　本書を読んでいただければ、税理士事務所が何をしているのかが流れでわかるようになっていますので、これから税理士事務所に勤めようと思う方、税理士事務所について具体的に知りたい方にもお勧めですし、税理士事務所に顧問を依頼されている企業の社長や個人事業主の方、金融機関の方など税理士事務所と仕事での関わりが多い方にも、税理士事務所の日常の一端を垣間見ていただくことができると思います。また、所長先生にはぜひこの本をスタッフ育成にご活用いただきたいと思います。

　それでは、新人所員達の勉強と苦悩と発見の日々を、ご覧ください。

令和2年2月

税理士　高山　弥生

キャラクター紹介

松木 ひとみ

25歳。大学卒業後、一般企業に勤めていたが、税理士を志し、山田税理士事務所に入所。
大学時代に簿記を勉強していたこともあり、一般企業で働きながら簿記論と財務諸表論に合格した頑張り屋さん。

竹橋 ふみや

25歳。大学の経営学部を卒業した後、アルバイトをしながら勉強し、簿記論、財務諸表論、消費税法に合格している。頭は良いが、ときどき本音が出てしまう。

梅沢 みきひさ

43歳。税理士になって15年のベテラン税理士。松木さんと竹橋くんの教育係。

目次

5

は一時所得／寺・神社などへの寄附／住民税の寄附金控除は学校や団体の所
在地に注意

本書は令和2年2月15日現在の法令に基づいています。

また、文中の意見部分は私見が含まれます。

今年は3月後半が寒かったのでまだ桜が咲いています。

4月1日、山田税理士事務所に2人の所員が入所することになりました。

この物語の主人公となる松木さんと、同期となる竹橋くんです。

山田税理士事務所は所長と

彼らの教育係となる勤務税理士の梅沢先輩と、

総務兼監査担当が1人の小さな事務所です。

お客さんが増えてきたため、2人を採用することになったのでした。

1　税理士事務所の仕事の概要と年間スケジュール

税理士事務所の仕事は申告書の作成以外にもたくさんある

初めまして、税理士の梅沢です。
これから僕が君たちの教育係になるからよろしくね。

梅沢先輩

よろしくお願いします。

松木さん　**竹橋くん**

まず、税理士事務所の仕事の概要と、年間スケジュールを見ていこうかな。大まかに事務所が何をしているのか、いつ何をするのかを知っておいた方がいいからね。

はい。

税理士事務所の仕事と言われたら何を思い浮かべる？

申告書の作成ですか？

確かに申告書の作成は税理士事務所のメイン業務だけど、それ以外にも税理士事務所の仕事はたくさんあるんだ。

【税理士事務所の仕事例】

・税務相談、申告書の作成、税務調査の立ち合いなど税金に関する業務
・記帳指導、記帳代行、決算書類の作成など会計に関する業務
・給与計算、年末調整、各種振込手続きなどのアウトソーシング業務
・相続、資産税業務
・遺言作成アドバイス業務
・財産の運用アドバイス業務（ファイナンシャル・プランナー的なもの）
・生命保険や損害保険の保険代理店業務
・弁護士、司法書士など他士業への窓口としての業務

こんなにあるんですね。

昔は手計算で試算表を作成していたから、貸借が合って一人前と言われ、決算書、申告書を作成するには大変な時間と労力を必要としたそうだよ。

手計算で！　想像つかないなあ。

近年は人材難であったり、経理担当がやめてしまったときの混乱を避けるために記帳や給与計算などのアウトソーシングを希望する企業も増えてきているよ。

平成27年から相続税の基礎控除が下がったことや遺産の相続に関する争いが増えていることで相続に関する相談業務も増えてきている。

いろいろな知識を身につけよう

税理士事務所は顧客にとって、一番身近な専門家なんだ。自分の財布の中身をすべて見せているからどこか気安さが生まれるのか、相談内容はお金のことから人生のこと、子どもの見合い相手まで多岐に渡る。

常日頃から多方面に興味を持ち、新聞や経済誌を読み、他業種の人と交流を持つなどして様々な知識を持つことで、自分の引出しをたくさん作っていくことが大切だよ。

わかりました。

税理士事務所は税法の勉強をしているだけでは間に合わないというのが実情なんだ。その税法も毎年変わるし。税理士事務所に入所するということはずっと勉強していくということかもね。ざっと年間スケジュールを見てみようか。

【年間スケジュール】

4月20日前後	所得税・消費税振替納税
5月31日	3月決算法人の申告期限
	3月決算法人の消費税申告期限 (消費税は申告期限の延長はないので注意)
6月10日	特別徴収住民税の納付期限（納期の特例）
6月30日	申告期限の延長をしている3月決算法人の申告期限
7月1日	路線価発表
7月10日	源泉所得税納付期限（納期の特例）
8月上旬	税理士試験
11月30日	3月決算法人の中間決算申告期限
12月	年末調整
12月10日	特別徴収住民税の納付期限（納期の特例）
12月上旬	税理士試験合格発表
12月中旬	税制改正発表
1月20日	源泉所得税納付期限（納期の特例）
31日	法定調書合計表提出期限
	償却資産申告書申告期限
	給与支払報告書提出期限
2月16日	確定申告受付開始
3月15日	確定申告期限
31日	個人消費税申告期限

4月、5月は3月決算法人の決算処理だね。3月決算法人は5月にゴールデンウィークがあるせいで本当にスケジュールがタイトなんだ。なのに日本の法人は3月決算が多くて……。

僕の担当先、3月決算が4社です。

なるべく早め早めに準備するしかないね。

はい。

そして7月はちょうど路線価が発表されるから、確定申告のときに持ちかけられた資産税系の相談業務に取り掛かる感じかな。路線価図を見てみようか。

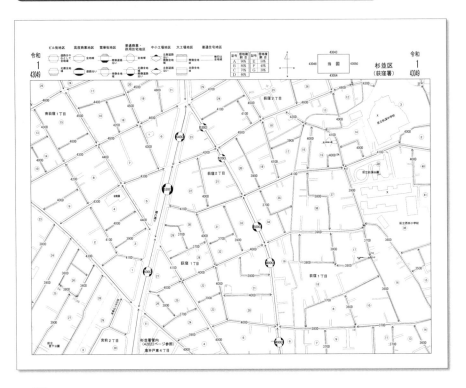

ほとんど地図ですね、ロセンカ？

路線価図。相続や贈与で土地の評価をするときに必要となる。この道路沿いの土地は1㎡あたりいくらですよ、ということが地図に書き込んであるんだ。

道の数字が金額なんですね。

6月から11月の税理士事務所は比較的落ち着いた雰囲気なんだ。税理士試験が8月の上旬にあって、お休みを取る人がいたり、お盆の時期などは事務所の電話はほとんど鳴らないことも多くて、税理士事務所によっては事務所全体でお盆休みをとる事務所もあるみたいだよ。

試験のあたりが忙しくないのはうれしいな。

業務的な忙しさはないけれど、研修やセミナー関係が多くなるね。12月あたりから年末調整が始まり、年末年始の休みがあったり、確定申告の足音が聞こえてきて、せわしなくなってくる。

1月は法定調書、償却資産の申告、給与支払報告書などでバタバタする。そのあとなだれ込むように確定申告が始まって、3月15日まで続くよ。そのあと法人の3月決算が始まる。

息つく暇もないですね。

2 法人の年間スケジュール【3月決算法人】

4月	なし
5月	株主総会　役員報酬決定
	法人税・地方税・消費税申告
6月	住民税の納付（納期の特例の場合）
	固定資産税の納付　第1期（東京都の場合）
7月	労働保険料の申告及び概算納付
	源泉所得税の納付（納期の特例の場合）
8月	消費税の中間申告（年3回の場合）
9月	固定資産税の納付　第2期（東京都の場合）
10月	なし
11月	法人税・地方税・消費税の中間申告
12月	年末調整
	固定資産税の納付　第3期（東京都の場合）
	住民税の納付（納期の特例の場合）
1月	支払調書・源泉徴収票・給与支払報告書の提出及び交付
	償却資産の申告
	源泉所得税の納付（納期の特例の場合）
2月	固定資産税の納付　第4期（東京都の場合）
	消費税の中間申告（年3回の場合）
3月	決算月
	棚卸など

松木さんは前の会社を思い浮かべれば
イメージがわきやすいかな？

前の会社では確かに毎月何かしらありました。

ちょっと補足すると、法人税の中間申告の対象となるのは前事業年度の法人税額が 20 万円を超える場合。超えてなければ中間はない。

消費税は前事業年度の年税額が 48 万円を超えると必要になって、400 万円を超えると年 3 回になる。4,800 万円を超えると年 11 回。

あ、でも、実際目安になる金額は違いますよね？

お、さすが消費税法合格者。この 48 万、400 万、4,800 万というのは国税の金額で、消費税は地方税もあるから、納付額としては **60 万円、500 万、6,000 万が中間申告の目安**となる。

ですよね。

大企業やその子会社は連結決算があるから、決算月の翌5日から 15 日くらいまでに数字を固めなければならない。四半期決算だとそれが年 4 回あるからけっこう大変だよね。

その時期は、たいてい残業で夕飯抜きになってしまって経理チームは痩せていくので、女の子たちは『決算ダイエット』なんて言ってました。

経理あるあるだね。

3 個人事業主の年間スケジュール

4月20日前後	所得税・消費税振替納税
5月	なし
6月	住民税の納付（納期の特例の場合）
	固定資産税の納付 第1期（東京都の場合）
下旬	消費税中間申告振替納税（年3回の場合）
7月	労働保険料の申告及び概算納付
	源泉所得税の納付（納期の特例の場合）
	申告所得税予定納税 第1期
8月	個人事業税 第1期
9月	固定資産税の納付 第2期（東京都の場合）
下旬	消費税中間申告振替納税（年1・3回の場合）
10月	なし
11月	申告所得税予定納税 第2期
	個人事業税 第2期
12月	年末調整
	住民税の納付（納期の特例の場合）
	固定資産税の納付 第3期（東京都の場合）
	決算日 棚卸など
下旬	消費税中間申告振替納税（年3回の場合）
1月	支払調書・源泉徴収票・給与支払報告書の提出及び交付
	償却資産の申告
	源泉所得税の納付（納期の特例の場合）
2月	固定資産税の納付 第4期（東京都の場合）
3月15日	確定申告期限
3月31日	消費税申告期限

個人事業主の場合、従業員が5人未満の場合は社会保険に加入する義務がないから、未加入の事業所もあるよ。

え、そうなんですね。社保に入っていない事業所のところで働いている人たちは健康保険とかどうしてるんですか？

僕、自分で国民健康保険と国民年金に加入してたよ。

あ、そうなのね、なるほど。

従業員のいない個人事業主も多いし、消費税が免税の事業主もいるから、ここに書いてあること全部が出てくるわけじゃない。法人と同じで8月、9月はさほど動きはない。

やっぱり夏が閑散期なんだ。

10月あたりになると、生命保険会社から生命保険料控除証明書が送付されてきたりして、だんだんと確定申告が近づいてくることを実感するんだよね。確定申告ってわかるかな？

祖父の医療費控除でやったことがあります。

僕は2か所でアルバイトしてたから自分のをやったことが。

OK、十分だよ。

4 AI・フィンテックで進化する会計ソフト

AI・フィンテックで記帳業務の手間が削減

うちが使っている会計システムは○○なんだけどね。

 あ、だからこの事務所にしたのもあるんです。

 そうなの？

 大学の教授が、このシステムを作っている会社のことを話していて、気になってたんです。

そうなんだ。ここ何年かの会計システムの進化は凄まじいものがあるよ。AIとフィンテックが税理士事務所の仕事を変えるともいわれている。AIとフィンテックはわかる？

 新聞で読んだことはあるけど……。

AIはArtificial Intelligenceの頭文字を取った言葉で、日本語では「人工知能」と訳される。AIはコンピューターが人間のように学習し、知識をもとに推測することができるようになるという技術のこと。

フィンテックはIT技術を使った新たな金融サービスのことだね。金融を意味するFinance（ファイナンス）と、技術を意味するTechnology（テクノロジー）を組み合わせた造語。

 どちらも最近ですよね。

そうだね。会計業界では預金取引やクレジットカード取引、電子マネー取引をデータとして会計ソフトに直接取り込み、自動で仕訳を生成する、ということがフィンテックによって可能になったんだ。さらに訂正・追加をAIが学び蓄積していくことで、かなり精度の高い自動仕訳入力が可能となっている。

預金取引は手入力しなくていいんだ。

現金取引も、レシートの写真をスマホで撮ると仕訳が自動生成されるとか、会計ソフトとレジが連動して自動で仕訳が作成されることで、手入力の必要がなくなってきているよ。入力間違いもないので格段に作業効率も良くなっている。

正確になって、省力化。本当にすごいですね。

5　変化する税理士事務所の業務①　経営助言

AI・フィンテックで税理士事務所の仕事がなくなる!?

変わってきているのは会計ソフトだけじゃないんだ。日本政府は行政手続きのオンライン化を進めているし、AIなどによって2030年ごろには、社労士、司法書士、行政書士などの仕事のかなりの部分が自動化されるのではないかといわれているんだ。

税理士業界も対岸の火事ではなくて、AI・フィンテックなど技術の進歩により記帳代行や行政手続きといった仕事はあと何年かで激減する可能性がある。

税理士事務所の仕事がなくなっちゃうんですか？

税理士事務所の昔ながらの業務は縮小して、コンサルタントみたいな役割になっていくと思う。税理士の仕事がなくなる、と書いている本もあるよね。実際、フィンテック、AIの登場で税理士事務所の仕事は激減し、かなりの省力化が達成されるのは間違いない。

えー、せっかく転職したばかりなのに……。

だからといって税理士事務所の業務がなくなるわけではないよ。**AIにも感情を読み取ることや対話といった不得意分野がある。**AIの不得意分野の領域に税理士事務所の仕事がちゃんとあるからね。

今後メイン業務となるのは経営助言

中小企業は資金繰りや採算管理、人材難など常に問題を抱えている。今、税理士事務所に求められているのは**悩みを抱える社長の良き相談相手となり、解決策を一緒に考えるビジネスパートナー**になることだよ。

また、**企業が病気になってしまう前に、現状を分析し、打ち手を考えるといった、いわば街のビジネスドクター**としての役割が重要性を増してきているんだ。これらは AI にはできない。

確かに。

お客さんからビジネスパートナー、ビジネスドクターとして信頼されていれば、AI が台頭しようが怖くはない。今後、税理士事務所の柱となる業務のひとつは、この AI にはできない『経営助言』だよ。

経営助言は経営指導ではない

経営指導なら聞いたことあるけれど、経営助言？

経営助言とは、経営判断の基礎となる正確でタイムリーな財務データを読みこなし、活用することで、**社長が経営判断を行うにあたり有益な情報を提供し、正しい方向に行動を促す支援者になること**なんだ。

社長をサポートするような感じ？

そうだね。経営上の意思決定をするのが社長だから、サポートがピッタリくるね。必要な財務データを提供しつつ、一緒に考える。例えば、100万円の赤字を解消するためには100万円売上を増やせばいいわけではないんだ。

100万円売上が増えればよさそうな気がするけど……。

100万円の売上を上げるためには商品の仕入れという原価があるし、販売する店舗の賃料負担や販売員の給料も発生する。

あ、確かに。

正しい財務数値から正しく現状認識をし、どのような行動をとれば目標を達成できるか。その目標は社長の企業理念と一致しているか。これらを一緒に考え、社長が実行するのをサポートするのが経営助言だね。

なるほど。

国としても中小企業に対して、事業計画や財務面での見直しなど、この辺りのサポートを強化するために『経営革新等支援機関認定制度』を創設したんだ。

ケイエイカクシントウ……？

経営革新等支援機関認定制度。略して支援機関と言うよ。専門的知識や支援に係る実務経験が一定レベル以上の個人や法人を経営革新等支援機関として認定することで、中小企業に対して専門性の高い支援を行う制度だよ。

税理士事務所は支援機関？

申請して認定されないと支援機関ではないから、税理士事務所イコール支援機関ではないけれど、支援機関の中で一番多いのは税理士だよ。うちの事務所も支援機関に認定されている。

経営助言にはローカルベンチマークを利用しよう

経営助言、なんだか難しそうだなあ……。

具体的に経営助言を行うときには『ローカルベンチマーク』を利用するのが良いと思うよ。**ローカルベンチマークは、経済産業省が提供している企業の健康診断ツールで**、通称ロカベンと呼ばれているよ。

え、ロケ弁ですか？

ロカベン。

（笑）。

ローカルベンチマークは『財務情報』と『非財務情報』に分けられる。財務情報は、ロカベンの財務情報のエクセルに会社の数字を入力すると、同業他社と比較した数値から点数が表示され、AからEの5段階総合評価点も表示されるんだ。

AからEの5段階なんて本当に健康診断みたい。

財務指標の比較対象となる数値は小規模事業者を除いた非上場企業で、数字は帝国データバンクから提供されているんだ。

わあ、なんか本格的ですね。

そりゃ国がやっている制度だもの。非財務情報は①経営者、②事業、③企業を取り巻く環境・関係者、④内部管理体制への着目の４つの視点から構成されているよ。

数字だけじゃないんだ。

中小企業は経営者の意向がとても強く反映されるから、非財務情報も大切なんだよ。ローカルベンチマークをやってみることで、税理士事務所と金融機関、そして社長自身も会社の状態を正確に把握することができる。

人に話すと整理できることってありますよね。

そうだね。**ローカルベンチマークは、金融機関・税理士事務所と企業との間で正しくて同じ情報を共有することを可能にする**んだ。そうすると３者が同じ目線で対話ができるようになる。

今後の税理士事務所の役割

ローカルベンチマークに取り組むことで、事業承継の必要性に気づいていない社長がそれに気づいた事例や、経営課題を認識し、解決するためにIT導入を実施したといった事例が報告されているよ。税理士事務所は今後このようなビジネスパートナー、ビジネスドクターとしての役割が重要になっていくはずだと僕は思っているんだ。

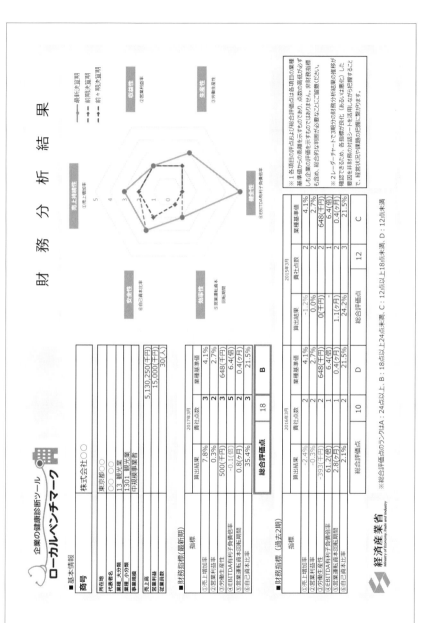

出典：経済産業省ホームページ「ローカルベンチマークツール（2018年5月ツール改訂版・最新基準値（使用）」

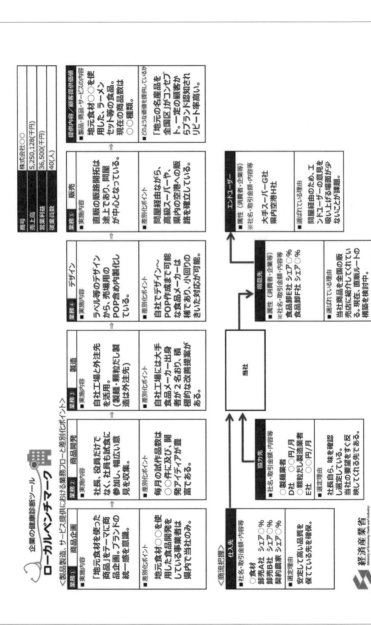

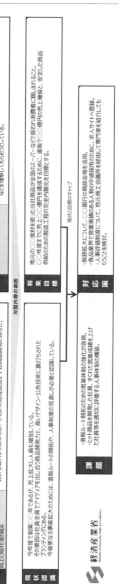

企業の健康診断ツール　ローカルベンチマーク

商号	株式会社〇〇
売上高	5,130,250(千円)
営業利益	15,000(千円)
従業員数	30(人)

現状認識

①経営者

- 経営理念・ビジョン　経営理念・考え・方針等
- 経営状態　経営状況・現状維持など
- 後継者の有無　※具体的な後継者候補の有無
- 承継のタイミング・関係
- 企業の沿革・業歴　※ターニングポイントの把握

②事業

- 強み　技術力・販売力等
- 弱み　技術力・販売力等
- ITに関する投資、活用の状況
- 1時間当たり付加価値（生産性）向上に向けた取り組み

対話内容の総括

企業を取り巻く環境・関係者

- 市場動向・規模・シェアの把握
- 競合他社の状況
- 顧客リピート率・新規開拓率
- 主な取引先企業の推移
- 従業員定着率
- 顧客数・従業員・平均給与
- 取引先金融機関数・推移
- メインバンクの関与

組織体制

- 品質管理・情報管理体制
- 内部管理体制
- 事業計画・経営計画の有無
- 社内会議の実施状況
- 研究開発・商品開発の体制
- 知的財産権・ノウハウの保有状況

人材育成の取組状況

- 人材確保の取組み

現状と目指すキャップ

将来目標

対応策

課題

経済産業省

出典：経済産業省ホームページ「ローカルベンチマーク「参考ツール」利用マニュアル（2018年4月改訂版）

6　変化する税理士事務所の業務②　保証業務

金融機関に提出する決算書は偽物？

今でこそ税務行政は『適正・公平な税務行政の推進』をうたっているけれど、昭和40年代前半あたりまでは税負担を逃れようとする納税者も少なくなかったし、税務調査の場面で税務当局もそろばんをはじきながら『このくらいでどうだ』と取引をすることがあったらしいよ。

税務署がそんなこと言ってたなんてびっくり。

その後、高度経済成長期を経て、納税意識が根付いてきたことで、今は取引をするような調査はないし、お客さん側も法令順守がスタンダードになってきた。税理士事務所も脱税指南がバレたら業務停止になっちゃうから脱税指南はしないしね。

今はちゃんとしてるんですね。

ところが、対金融機関となると話は別。日本は間接金融が主流の国じゃない？

まあ、確かに直接金融が主流のアメリカみたいに資金調達を市場で投資家から……なんてまだまだですよね。

日本では設備投資や運転資金で資金が必要なときは間接金融、つまり金融機関からの借入を考えるけれど、その時に粉飾した決算書を金融機関に提出する企業がいまだに存在するんだ。金融機関ごとに違う決算書を提出していることもあるくらいなんだよ。

えぇ？　金融機関ごとに違うんですか？

金融機関は「事業性評価」よりも「経営者保証」に頼ってしまう

そう。金融機関側もそれに気づいているから、**決算書をベースに、その企業の事業の可能性に融資をする『事業性評価』**なんて怖くてできない。

うーん、確かに銀行がそう思うのも仕方ない気がするなあ。

粉飾をしていない企業でも、中小企業の場合は短期間に経営状態が急変することがあるし、月次決算をしていない企業は1年近く前の決算書と現状の数値がかけ離れていることもあって、金融機関の頼るところが『経営者保証』となってしまうんだ。

経営者保証？

経営者保証は、会社が借りたお金を返せないときに、社長の個人的な財産で会社の借入を返すこと。つまり連帯保証だね。

社長個人が会社の借入を返さなくちゃいけないなんて……。

新たな事業を始めたくても、会社の借金が自分に降りかかると思うと二の足を踏むこともあるよね。

僕ならやだなあ。

会社を若い世代に譲りたくても、次期社長が会社の連帯保証人としてリスクを背負うことをためらったら事業承継もうまくいかない。経営者保証が日本企業の発展・存続を妨げているともいえるんだ。

決算書の信頼性を税理士が保証すれば金融機関は事業性評価が可能になる

経営者の負担を軽減し、経営者の新事業への挑戦意欲を後押しして、その新事業へ金融機関が融資に踏み切れるようにしないと、日本経済はこの先衰退してしまう。

 どうしたら金融機関は経営者保証に頼らず融資ができるようになるんですか？

 日本商工会議所と全国銀行協会が協同で策定した『経営者保証に関するガイドライン』に示されているんだけど、**社長と会社の資産・経理の明確な分離**、つまり社長が会社を私物化せず、きちんと正しい処理をしていることが重要だね。あとは**財務基盤の強化**と、**財務状況の正確な把握、適時適切な情報開示等による経営の透明性確保。**

 社長が会社を私物化しない……
当たり前のような気がするけど？

それが中小企業はそうでもなくてね。
会社を自分のものだと思っている社長も多いんだ。

 きちんと正しい処理をしていることは
どうやったら証明できるんですか？

例えば、税理士法第33条の2第1項に規定する『書面添付制度』を利用し、『この決算書は信頼できる』と決算書・申告書作成に携わった税理士が保証し、これらの情報を金融機関に開示することかな。

ショメンテンプ？

税理士が税務署に申告書を提出するときに添付する書面なんだけど、どのような書類を確認し、監査し、何を検討して申告書を作成したかを記載するものなんだ。誤解を恐れず意訳すると、**書面添付は税理士が『この申告書・決算書は正しい』と保証している**ようなものだよ。

保証？

書面添付で嘘をつくと、最悪の場合、税理士は資格をはく奪される可能性があるから、書面添付は税理士が資格を賭して書いているものなんだ。それがついている決算書・申告書なら金融機関も信頼できるよね。

確かにそうですね。

税理士が書面添付を実践し、申告後直ちに金融機関にその決算書・申告書を提出することによって、金融機関は粉飾のない正確な情報をタイムリーに得ることができる。事業性評価による融資が実現可能となり、担保や経営者保証頼みの融資から脱却できるんじゃないかな。

なるほど。

よくお金は経済の血液と例えられるけど、その血液を循環させる金融機関をサポートするのは我々税理士業界の役目。これからの日本を元気にしていくのは税理士業界なんだよ。

7 変化する税理士事務所の業務③　資産コンサル

円満相続を目指して

税理士という資格制度が始まってからもう 60 年以上が経つけれど、今ほど税理士が資産コンサル業務に力を入れるべき時はないんじゃないかな。

資産コンサル、というと相続税？

相続税も資産コンサルの一部になるけど、相続税だけじゃないんだ。いかに揉めないようにするかが大事。昔は『家督相続』の名残でさほど相続で揉めなかったんだけどね。

カトクソウゾク？

家督相続は、その一家の長男が財産を相続する代わりに兄弟など一家の面倒を見ることだよ。戦後、民法が変わって兄弟はみな平等になって、みんなが相続する権利を持つことになった。それでも日本は長い間長男が相続する風潮が続いてきたけれど、近年の権利意識の高まり、相続税の増税、インターネットの普及などが相まって、相続で揉めることが多くなってきているんだ。

たまに聞きます。相続で兄弟が絶縁したとか……。

そうならないためにはどうしたらいいか。お客様やそのご家族と一緒に、生前から対策を考えていくのが資産コンサルだよ。もちろん、相続税負担の軽減策や納税資金対策も一緒に行うわけだけれど、一番大切なのは円満相続だろうね。

会社の相続も待ったなしの状況になっている【事業承継】

相続で大変なのは人間だけじゃなくて会社もなんだよ。

 会社の相続？

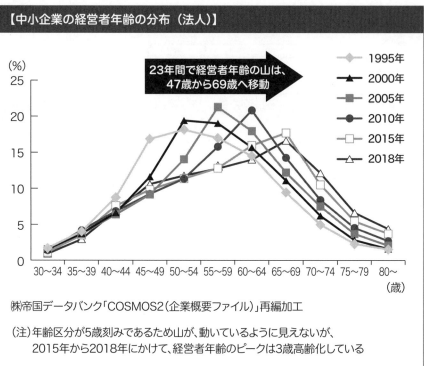

【中小企業の経営者年齢の分布（法人）】

23年間で経営者年齢の山は、47歳から69歳へ移動

- 1995年
- 2000年
- 2005年
- 2010年
- 2015年
- 2018年

㈱帝国データバンク「COSMOS2（企業概要ファイル）」再編加工

（注）年齢区分が5歳刻みであるため山が、動いているように見えないが、2015年から2018年にかけて、経営者年齢のピークは3歳高齢化している

出典：2019 年版「中小企業白書」

今後 10 年の間に、平均引退年齢である 70 歳を超える中小企業・小規模事業者の経営者は約 245 万人もいるんだ。

 ずいぶん高齢ですね。

そのうち約半数の 127 万人が後継者未定ということがわかっている。この数は日本企業全体の約 3 分の 1 にあたるんだよ。

そんなに後継者がいないなんて。

このままだと中小企業の廃業の急増で 2025 年頃までに約 650 万人の雇用と約 22 兆円の GDP が失われるといわれている。

総務省統計局のデータでみると……雇用者数は約 6,000 万人だから、1 割以上の雇用がなくなってしまうことになる感じだね。

会社を引き継いで存続させていくことを『事業承継』というんだけれど、この事業承継は後継者の問題だけではなく、相続も絡んできてしまうんだ。

中小企業の株式はたいてい社長が保有している。中小企業の株式は経営権の問題があるから安易に分散させるわけにもいかないけれど、財産が他にないと、相続で株を分けるしかなくなる。

中小企業の株って相続財産になるんですね。

そうだよ。老舗の優良企業なんかだとかなり高額になっていることも多い。そうすると相続税も高額になるけれど、経営権の源である株式を手放すわけにもいかない。売ることのできない株式を相続して、現金で高額な相続税を納税しなくてはならなくなる。

それは大変ですね……。

さすがに国もこのままでは事業承継が進まず、日本経済を支える中小企業の存続が危ぶまれると考えて、平成21年に『事業承継税制』という税制を創設して、相続税負担を軽減したんだ。それでもまだ事業承継が進まないので、平成30年に『特例事業承継税制』が創設されたんだ。

『特例』ってついたんですよね。

そう。この特例事業承継税制は10年の期間限定だから、早めに適用するかを考えて行動に移さないといけないんだ。でも、事業承継の難しさは、企業によって障壁となっている問題がそれぞれ違うことにあって、税制の適用ができるのに実行に移せないこともある。

え、適用できるのに？

特例事業承継税制は、例えば他人が跡継ぎの場合、跡継ぎの税負担は軽減されても現社長の親族に課される相続税負担が軽減されるようにはなっていないんだ。親族の同意が得られない可能性が高いよね。

相続税負担が大きいままで、会社を他人に譲るなんて親族としては納得いかないだろうなあ。

そうなるよね。税制だけ整っても使えるかは話は別。**会社ごとに状況は違うから、事業承継はその会社ごとにオーダーメイドすることになる。**その役目は、会社の状況をよくわかっていて、社長にとって一番身近な専門家である税理士が適任なんだ。

税理士は何をすればよいのですか？

まずは社長に事業承継の必要性を気づかせること、後継者にとって魅力的な会社を創るお手伝いをすることかな。資金繰りが厳しくて、借入がたくさんあるような会社では、会社を引き継ぎたいという人も現れないだろうからね。僕たちも研修などに積極的に参加して、情報を仕入れて勉強したり、金融機関や他の専門家などとネットワークを持たなくてはね。

5月

5月はゴールデンウィークがあるため、

旅行の予定でワクワクしている人も多そうですが、

税理士事務所は3月決算の申告期限が5月末なので忙しい時期です。

日本の法人は5月末が申告期限となる3月決算の会社が多く、

税理士事務所としてはどうしても業務量が多くなります。

松木さんと竹橋くんは梅沢先輩に大事な項目を教えてもらいながら

3月法人の決算を組むこととなりました。

法人の処理は消費税が絡むので消費税の説明が多く、

松木さんはちょっと分が悪そうです。

1 消費税納税義務の判定

基準期間とは

法人の決算なんだけど、まずは消費税。消費税を間違うと所得も狂うし法人税額も変わってしまうから、消費税の処理は大切なんだ。基準期間はわかる？

 前前事業年度のことですよね？

そう。基準期間つまり前前事業年度の課税売上が 1,000 万円を超えると今期は消費税課税事業者になるんだけど、この 1,000 万円は税込？ 税抜？

 税込ですか？

これは基準期間が免税事業者か課税事業者かによって答えが変わってくるんだ。

 基準期間が免税事業者の場合は税込で、課税事業者は税抜で判定。

その通り。たとえ請求書に消費税って書いて請求していても、基準期間が免税事業者だったら、課税売上高には消費税は含まれていないと考える。だから、税込。基準期間が課税事業者の場合は税抜にするんだ。

 そうなんですね。

だから、基準期間が免税事業者の法人が 1,100 万円ピッタリの売上だった場合、税抜にして 1,000 万円、と考えるのは間違い。100 万円もはみでていることになる。

基準期間がない場合

基準期間がない場合は？

基準期間がない、なんてことあるんですか？

新設法人は基準期間がないでしょ。

基準期間がない事業年度でも、その事業年度の開始の日に資本金の額が 1,000 万円以上の場合は課税事業者になる。

免税事業者になるか課税事業者になるかは、基準期間だけじゃないんですね。

そうなんだ。資本金が大きければ税金も払えるでしょうとみなされて、基準期間がなくても課税事業者になるよ。

なるほど。

第 1 期の期中で増資して 1,000 万円以上になった場合、第 2 期は基準期間がなくても課税事業者。第 3 期は基準期間である第 1 期目の課税売上高で判定するけどね。

特定期間とは

あとは特定期間が問題かと。

そうだね。**特定期間**といって、基準期間の課税売上高が 1,000 万円以下であっても、設立間もなくて基準期間がなくても、**特定期間の課税売上高と支払った給与の額が 1,000 万円を超えた場合には課税事業者**となるんだ。

特定期間っていつですか？

特定期間は、原則としてその事業年度の前事業年度開始の日以後 6 か月の期間のことだよ。

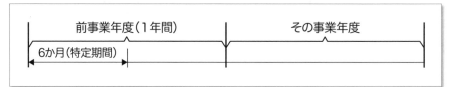

前事業年度（1 年間）　　　　その事業年度

6か月（特定期間）

課税売上高と支払った給与の額が両方 1,000 万円超。

特定期間の課税売上が 1,000 万円を超えていたとしても、特定期間に支払った給与の額が 1,000 万円を超えていないのであれば支払った給与の額で判定して免税事業者でいられるんだ。

だから両方が 1,000 万円超だと課税事業者、なんですね。

課税売上が 1,000 万円を超えていることをもって課税事業者を選択することもできる。特定期間の課税売上高と支払った給与の額、両方が 1,000 万円を超えた場合は必ず翌期は課税事業者だよ。

基準期間に資本金、特定期間まで気にしなきゃいけないなんて。

昔、消費税の免税事業者になるために会社を2年ごとに作っては潰して、別法人として営業は続けている、という手法で税負担から逃れる方法が横行したせいでできた制度なんだって。

そうなのね。特定期間って、実務ではけっこう出てきますか？

それほどでもないよ。ただ、個人事業主でものすごく業績が良くて法人成りしたようなところは注意しないといけない。すぐに売上も給与の支払額も1,000万円を超える可能性があるからね。

確かに。

ということで、課税事業者になるかどうかの判定には基準期間と資本金、特定期間に気を付けなくてはならないんだ。

えっと、基準期間は二期前で、特定期間は一期前……？

そうそう。図にするとこんな感じ。

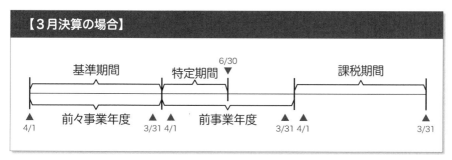

【3月決算の場合】

法人の決算期変更に注意

 私の担当先なんですけど、消費税納税義務を判定する基準期間に当たる前々期が短くて、前々期の課税売上高はそのせいで600万円です。1,000万円以下だから納税義務はない、でいいですか？

 法人の場合は1年に満たない期は1年に換算して考えるんだよ。

 え、そうなの？

（株）甲は暦年が事業年度だったけど、7月から6月までを事業年度にしたんだよね。

 そうです。

法人は基準期間が1期とは限らない

基準期間は、判定対象の期の事業年度開始の日（X4年7月1日）の2年前の日（X2年7月2日）の前日（X2年7月1日）から同日以後1年を経過する日（X3年6月30日）までの間に開始した各事業年度を合わせた期間となるんだ。

 開始した各事業年度を合わせた、ですか。

そう。だから1期とは限らないんだ。
この1年の間に開始した期が複数あったら全部足し合わせる。

 しかし、日を特定する表現が回りくどいというか。

38

僕も試験のとき苦労したよ。

消費税法はどの日を指すかが重要だよ。（株）甲のこの期間に開始した期は3期の6か月だけだから、600万円÷6か月＝100万円。100万円×12か月＝1,200万円。1,000万円を超えているから5期は課税事業者だね。

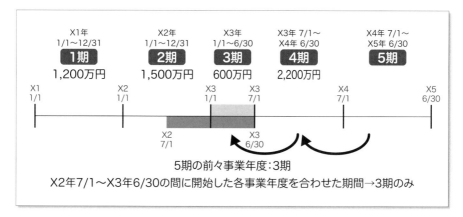

消費税、怖いですね！　間違えるところでした。

2　税込経理と税抜経理

税込経理 VS 税抜経理

課税事業者になるかどうかの判定も大事だけれど、税込経理か、税抜経理かも大事なんだよ。

実務では税込経理と税抜経理、どっちが多く採用されるんですか？

税込経理じゃないかな、楽だからね。でも、うちの事務所は基本的に税抜経理だよ。

え、大変な方をわざわざ？

税込経理には問題点があってね。交際費の損金不算入の話で、5,000円以下の飲食費は交際費として考えなくていいというのがあるじゃない？

はい、交際費から除外されますね。

それは税抜経理なら税抜5,000円までOK、つまり税込5,500円までOKなんだけど、税込経理なら税込5,000円までなんだ。

そうなんですね！　税込経理だと損ですね。

そうなんだ。もうひとつ、業績管理がしにくい。

？

税込経理だと、期末に消費税を計上するときに租税公課／未払消費税等が計上されて、黒字だと思っていたら赤字だったなんてこともある。毎月概算消費税額を計上するのも面倒だしね。

なるほど。

極め付けが消費税率アップ問題。税込経理だと、消費税率が上がると売上が伸びたように見えてしまう。

それはおかしいですね。

税込経理か税抜経理かはけっこう大切なんだよ。決算で気を付けたいのは棚卸。棚卸が小さければ売上原価が大きくなって利益が小さくなるよね？

期首棚卸 10	売上原価 70
当期仕入れ 90	期末棚卸 30

期首棚卸 10	売上原価 90
当期仕入れ 90	期末棚卸 10

そりゃそうですよね。

税抜経理の会社の棚卸で、お客さんが税抜で集計しているのに、それを税込と思って消費税分を抜いてしまったら棚卸が小さくなって原価が大きくなって、利益が小さくなってしまう。

消費税を間違うと、利益もズレてしまいますね。法人税額も違ってしまうし。

消費税を先に勉強しておけばよかったかしら……。

法人決算といえども消費税ばっかりだからね。特に今後、消費税率は上がる一方だろうし、知っているに越したことはないけれど、とりあえず今は必要なところだけ押さえればいいからね。

棚卸は税込でするのか、税抜でするのか？

まず、免税事業者の場合。こちらは絶対に棚卸は税込だね。**必ずお客さんに棚卸を税抜でしたか、税込でしたかを確認すること**。税抜で作っていることが多いよ。

免税事業者でも？

通常、請求書の商品単価は税抜になっている。棚卸はそれに個数をかけるから、**お客さんが作成する棚卸表は税抜のことが多い**んだ。棚卸表の商品単価が税込か税抜かを確認して税抜だったら、税込経理の場合、（1＋消費税率）をかける必要がある。

なるほど。

仕訳を計上するときは、通常、経理処理が税抜だったら収益、費用、棚卸も全部税抜で処理している。なので、税抜経理→棚卸も税抜、税込経理→棚卸も税込と覚えておけばOKだよ。

ともかくどっちかで統一すればいいんですね。

そう。本当は税抜経理を選択していても固定資産や棚卸資産を税込経理とすることも可能なんだけど、実務上ではほとんどないだろうからね。あと気を付けたいのは固定資産。

減価償却システムに入力する際の注意点

税抜経理を選択している場合の、減価償却システムに登録するときの金額なんだけどね。

車両を 3,300,000 円で購入したとするよね、そうすると仕訳は？

車両 3,300,000 ／ 預金 3,300,000 です。

この仕訳を入力してから、元帳をみてごらん。

【勘定科目：車両】

相手勘定	借方	貸方	残高	元帳摘要
普通預金	3,000,000		3,000,000	㈱ ● × 車両購入

あ、車両の金額が税抜の 300 万円だ。

税抜経理だと仕訳は仮払消費税が自動生成されますもんね。

忘れてた。

| 車　　両 | 3,000,000 | ／ | 預　　　金 | 3,300,000 |
| 仮払消費税 | 300,000 | ／ | | |

そうなるよね。税抜経理を選択した場合はこんなところも注意しなくてはならない。3,300,000 円をベースに減価償却してしまったら減価償却費も間違えてしまう。

そうか。税抜経理なら税抜の金額が取得価額になるんだ。

決算のときにズレに気づいて修正するのも大変だし、入力のときに注意してやっておけば、あとが楽だからね。

3 非課税と不課税、免税取引

非課税と不課税はまったくの別物

自計化しているお客さんで多いのは、非課税と不課税の区別が
ついていないことによる消費税入力の間違いなんだけど、竹橋
くん、消費税が課税されるのはどんな取引？

はい、えっと……。

【消費税が課税される4つの要件】

① 国内取引
② 事業者が事業として行う取引
③ 対価を得て行う取引
④ 資産の譲渡や貸付け、役務の提供

そうだね。不課税は、これらにあてはまらないものと考えてほ
しい。例えば、寄付、贈与、補助金、保険金は対価を得て行う
取引ではない。給料は事業じゃなくて雇用契約に基づくものだ
からこれも不課税。

なるほど。

間違いが多いものの具体例としては会費かな。

会費ですか？　諸会費は不課税ですよね？

会費といってもいろいろあるんだ。対価性があるものは課税になるんだよ。会費という名前がついていても、実質は違うものもあるからね。

同業者団体などの運営に必要な通常会費（対価性なし）……不課税
セミナーや飲食の会費……………………………………………課税取引
同業者団体などの冊子を発行するための会費…………………課税取引
ゴルフクラブやレジャー施設の会費……………………………課税取引

非課税取引とは

じゃあ、非課税とは？

消費税が課税される4つの要件に該当する取引であっても、消費に負担を求める税としての性格から課税の対象としてなじまないものや、社会政策的配慮から定められているもの。

そう。**消費税法上で非課税取引は決まっている。**非課税の例を挙げると、土地の譲渡や貸付。非課税の理由としては、土地は消費するという考え方にはなじまないから、とされている。

土地が非課税ですか？
駐車場代は課税だったような気がしますけど。

あれは、土地を借りているのではなくて、**土地を駐車場とするために施した アスファルト舗装や砂利などの施設を借りている**と考えているんだ。だから課税になる。

通常、不動産屋さんが作成する契約書に税込、消費税別、とか書いてあるけれど、それが間違えていることもある。お客さんが賃貸契約を交わしたときは、必ず契約書のコピーをもらって、取引の実態を確認することが大切なんだ。

契約書が間違えていることってあるんですか？

不動産屋さんも最近は勉強熱心だけど、
残念ながら間違えていることがないわけじゃないからね。

実態の確認は大事ですね。

そうだね。あと非課税の例としては、社会保険診療の代金、地方公共団体や国の事務手数料など。住宅を借りる時も非課税。

でも、これらはサービスですよね？

そう。社会保険診療や役所の手数料、これはサービスだから本来は消費税が課税されるものだけれど、社会政策的配慮から非課税とされている。住宅を借りたとき非課税なのも国民生活の負担を考えて。まさしく社会政策的配慮だね。

本来なら課税でいいところが非課税になるって、
気づかなかったらアウト、ってことですよね。

そうだけど、非課税項目は決まっている。国税庁のホームページに『主な非課税取引』というのが列挙されているから、それを押さえておけば大丈夫。

免税取引とは

あとは免税取引。商品の輸出や国際輸送、外国にある事業者に対するサービスの提供などのいわゆる輸出類似取引が該当するよ。これらは課税取引だけど税を免除されているよ。

なぜ税を免除されるんですか？

『国境税調整』を図る観点から免税とされているんだ。例えば、日本から商品を輸出したときに日本の消費税がかかって、それがEU諸国で販売されるときに、またEUの付加価値税がかけられたら、二重課税になってしまう。

確かにそうですね。

本来は課税取引だけど、内国消費税である消費税は国内での消費に負担を求めるという性格から外国で消費されるものには免除しているんだ。免税取引は**0%課税**ともいわれている。この表現の方が感覚的にわかりやすいかな。

0%課税、ですか。**不課税、非課税とは別モノ**、ということですね。

そう。不課税はそもそも消費税が課税される4つの要件を満たさない。非課税と免税は理由があって消費税はオンされていないんだ。迷ったときは、まず不課税か課税かを考えて、そのあとで非課税、課税、免税を考えるとわかりやすいよ。

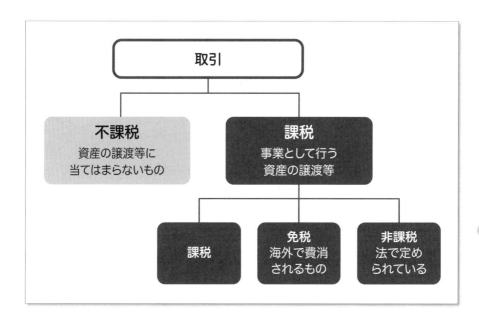

4　車両を売却したとき

税抜経理の仕訳と簿記の仕訳の違い

松木さんの担当してるお客さんが車両を売却していたよね。残存簿価1万円の車両を税込22,000円で売却した、という仕訳を書いてみてもらってもいいかな？

 こんな感じですか？

【簿記で習う仕訳】

現　　金	22,000	車　　両	10,000
		車両売却益	12,000

でも、あのお客さんは課税事業者で税抜経理だから、仮受消費税が抜けてるよ。

 あ、そうか。

【税抜経理】

現　　金	22,000	車　　両	9,090
		仮受消費税	910
		車両売却益	10,910
		仮受消費税	1,090

これだと、間違いなんだよ。

？？？

T字勘定を書いてみると違いが良くわかるよ。

簿記		税抜経理	
車両		車両	
10,000	10,000	10,000	9,090
	0		910

 税抜経理の方は、車両勘定が残ってしまっている……？

そうなんだ。だから、ここではちょっとしたテクニックが必要となる。消費税がかかる売却価額全額を一度、車両売却益として計上するんだ。

現　　金　22,000 ／ 車両売却益　20,000 ⎫
　　　　　　　　　　仮受消費税　　2,000 ⎬ 課税売上高　22,000円
　　　　　　　　　　　　　　　　　　　　 ⎭

次に、車両勘定を残高0にする。
借方は車両売却損で埋めておく。

車両売却損 10,000／車両 10,000　（消費税対象外）

車両	
10,000	10,000
	0

51

最後に売却益と損が両建てで見苦しいから、相殺する。

車両売却益 10,000 ／車両売却損 10,000（消費税対象外）

車両売却益		車両	
10,000	20,000	10,000	10,000
10,000			0

税抜経理の仕訳を整理するとこうなるよ。

現　　　金	22,000	車　　　両	10,000
		車両売却益	10,000
		仮受消費税	2,000

車両勘定のＴ字勘定の残が０になりました！

実務だとこんなこともあるんだ！　試験じゃこんなのないよ。

知らなかったらわからないかも……。
車両の残がおかしいままになっちゃう。

ちょっとしたテクニックと、あとは何が正しい姿か、常に意識
して仕訳を考えることも大切かな。

5 前払費用と繰延資産

保証料は前払費用

とりあえず消費税の説明はここまでにして、次は前払費用にしようかな。（株）△△がこの間借入したときに、保証料払ってたよね。

はい、払ってます。……保証料ってなんですか？

部屋を借りるときに保証会社に保証を頼むことがあるでしょ、それと同じようなものだよ。保証協会は企業が銀行からお金を借りるときの『保証人』になってくれるんだ。保証協会の保証をつける、なんて表現をするよ。

なるほど。じゃあ、支払手数料かな。

支払手数料　60,000　／　預　　　金　60,000

保証協会の保証料は月割計上しなきゃダメだよ。前払費用だからね。

前払費用って、額が小さかったら支払ったときの費用にしていいんじゃなかったっけ？

短期前払費用は1年以内のもの

短期前払費用のこと？　あれは、1年以内に提供を受けるサービスの対価を支払ったときにその時点の損金にできる、という通達（法人税基本通達2-2-14）だよ。

53

3月決算の会社が8月に翌年7月までの1年分のサービス料を支払ったときに、8か月分を損金、4か月分を前払費用と分けて計上せずに支払った期の損金にしてOK、って内容。

1年分しかダメなのか。

そう。この保証料は銀行借入期間の5年分じゃない？ 短期前払費用に該当するのは1年以内のものだからこの保証料は該当しないんだよ。税務上でも重要性の原則が認められている。

財務諸表論がこんなところに🍃

あと、サービス、ってところもポイントだよ。雑誌の購読料とかは該当しないんだ。勘違いしていて、翌期にまたがる年間購読料を期中に払ってそのときに全額損金にしていることもある。

じゃあ……8月に借入して、3月決算だから今期は8か月。60,000円を5年の60か月で割るとひと月1,000円だから……。

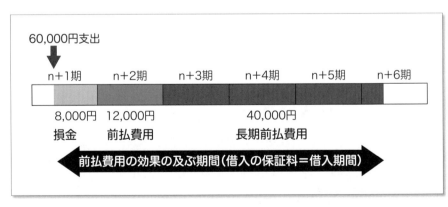

支 払 手 数 料	8,000	預 　 金	60,000
前 払 費 用	12,000		
長期前払費用	40,000		

あれ？　保証料って、少額の繰延資産になりませんか？ 20万円未満なら支払ったときに全額費用にしてよかったですよね（法人税法施行令第134条）。支払が終わっていて、効果が続いているなんて似てると思うんですけど。

少額の繰延資産か。勉強してるね。

繰延資産はサービスの提供は完了済み

支払の効果が今期だけでは終わらない、
このような支出には『繰延資産』と『前払費用』がある。

　繰延資産は、『すでに代価の支払が完了し又は支払義務が確定し、これに対応する役務の提供を受けたにもかかわらず、その効果が将来にわたって発現するものと期待される費用』

　前払費用は、『一定の契約に基づき継続的に役務の提供を受けるために支出した費用のうち、当該事業年度終了の時においてまだ提供を受けていない役務に対応するもの』

同じに思える。

困ったな（笑）。じゃあ繰延資産である礼金と前払費用である保証料に当てはめて説明しようか。

礼金と保証料の違い

礼金を支払うことで物件を借りるという役務提供を受け終わっているから、賃貸期間中に中途解約しても返金はない。

一方、保証料は借入を途中で一括返済した場合、保証というサービスをまだ受けていない未経過分を返してもらえる。サービスを受け終わっている礼金とまだ受けていない保証金の性質は全く違うんだ。

繰延資産には会計上の繰延資産と税務上の繰延資産がある

だから、保証料は前払費用、礼金は繰延資産となる。でも、礼金は『繰延資産』という勘定科目では計上されないんだ。

?

繰延資産には、会計上と税務上、2種類ある。
会計上の繰延資産は会社法上で繰延資産とされているものをいうんだけど、創立費、開業費、株式交付費、社債発行費、開発費の5つのことで、これらはちゃんと繰延資産としてB/Sに計上される。

税務上の繰延資産の科目は何になるんですか？

長期前払費用として計上するよ。『中小企業の会計に関する指針』で、税務上の繰延資産は長期前払費用として表示することとされているんだ。

同じ繰延資産なのに？

そう。会社法上の繰延資産は任意償却だから（法人税法施行令第64条第1項）、支出した期が赤字の場合は償却しないで、あとから利益が出た期に償却しても構わない。

 ああ、だから創立費がB/Sに残っている会社があるんだ。

でも、税務上の繰延資産は5年もしくはその支出の契約期間といったような、償却する期間が決められている（法人税法施行令第64条第1項第2号、法人税基本通達8-2-3）。

 なるほど。償却期間が決まっているものと任意償却のものを分けているのか。

決算のときはB/S科目が大切

 そうすると、これらの科目は償却すべき時に償却を忘れないようにしなきゃいけないなあ。

 支払は済んでいるから資金が動くわけじゃないし、忘れそうです……。

決算のとき、前払費用、未払費用、未収収益、前受収益といった経過勘定や、未払金、未収金、前受金、前払金といった未決済項目を念入りにチェックすれば気づくから大丈夫だよ。

 だから決算の時はB/S科目をチェックしろ、って言われるんですね。

6 発生主義と実現主義と現金主義

売上を計上するのはいつか？

今度は P/L 科目に入ろうかな。ここは僕よりも最近試験を受けた 2 人の方がわかってる部分だと思うんだけど、外せない部分だから。竹橋くん、発生主義と現金主義を説明してみて。

え、えっと……なんだったかな 💧

発生主義は財・サービスを費消した時点で費用計上する。売上は実現主義といって、代金が振り込まれた日に売上に計上するのではなく、引き渡した日や発送した日に売上を計上するんだ。

現金主義は支払ったとき、入金のときに費用収益の計上をする、って感じですよね。

そう。税金の世界は発生主義、実現主義なんだ。現金主義だと、今期の売上に計上したくないなら、得意先に入金しないでとお願いすれば、来期に売上計上を先送りできることになってしまうからね。

なるほど。

実現主義といっても、いつの時点で売上が実現したと認識するのか。出荷した時点か？　それとも納品した時点か？　相手先が検収完了した日か？　これでもその期の売上が変わってくる。

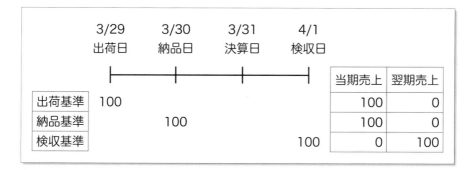

				当期売上	翌期売上
出荷基準	100			100	0
納品基準		100		100	0
検収基準			100	0	100

これだと、検収基準だけ売上が翌期になってますね。

今までは出荷基準や納品基準で売上計上していたところを決算日付近だけ検収基準に変えれば売上をその分来期に回すことができてしまう。

確かにこれだと利益操作ができちゃうなあ。

それを防ぐため、**売上計上基準は継続適用が求められる**。税務調査でのチェックポイントにもなっているよ。うちの事務所も顧問先への注意喚起のために決算時期に確認しているんだ。

なるほど。

ポイントは3つ。
①会社が採用している売上の計上基準の確認と、
②その基準が売上の種類や性質、取引の形態などに応じて最も合理的といえるものを採用しているか、
③その基準を継続適用しているか。

期中は現金主義のことも

粗利を見たいから仕入は発生主義にして買掛金計上するにしても、販管費は毎月そんなに大きな変動はないことが多いから、期中は支払ったときに費用計上する会社も多いんだ。

それで、期中は未払の動きがないんですね。

そう。毎月そんなに変動しないから、前期末に立てた未払は、支払ったときに未払金を落とさずにそのまま残しておく。そうすれば新しい期のひと月目の業績もさほどおかしなことにならないしね。

なるほど。だから期中に未払金の動きがないけど、決算仕訳で前期の未払を落として今期の分を計上すれば、1年トータルで見た時、ちゃんと発生主義に基づいて経費計上できているわけですね。

そういうこと。

7 減価償却と一括償却資産と償却資産の申告

法人税の法定償却方法は定率法

減価償却はここ何年かでいろいろ変わったね。

減価償却は苦手で。

僕が勉強していた頃よりも複雑だから大変だよね。建物、建物附属設備、構築物は定額法しか選べなくなってしまっているよね。

はい。建物は平成 10 年 4 月から、建物附属設備、構築物は平成 28 年 4 月から定額法のみですね。

法人税では、建物、建物附属設備、構築物以外の新しく取得する資産の償却法は、定率法がデフォルト（法人税法施行令第53条）。法定償却方法、といわれていて、備品、機械、車両の法定償却方法は定率法ということになる。

法人税法上で償却方法が決められているんだ……。知らなかった。

定率法だけど、届出を出せば備品や車両、機械は他の償却方法を選択することもできるよ。**選択できるということは、償却方法を確認する必要があるということ。**自分の担当の関与先が届出を出しているかどうかしっかり確認しないといけない。

青色申告の中小企業者等は 30 万円未満なら一度に損金にできる

購入した備品をすべて減価償却していたら日が暮れてしまう。10 万円未満の資産は取得価額を全額損金にできるよ。

 え、じゃあ 10 万円以上のものは減価償却が必要？それでも、けっこうあるんじゃないかなあ。

うちのお客さんの大半である中小企業は、30 万円未満の減価償却資産は全額損金にできるんだ（租税特別措置法第 67 条の 5 第 1 項）。年間合計で 300 万円まで、という頭打ちがあるけれどね。

 30 万円未満の少額減価償却資産の特例は、青色申告書を提出する場合の特典ですよね。

そうそう。うちで関与しているところは、基本的に青色申告書の承認申請書を提出しているからつい忘れそうになるけど、白色申告の場合はこの特典はないんだ。

なぜ「青色」申告というのか

 先輩、そういえばなんで青色、白色っていうんですか？

日本の税制の根幹と深い関連があるんだよ。申告用紙が青色だから、と答える人も多いんだけど、それじゃあなんで青色を選んだのか、の答えにはなってないよね。

 え、申告用紙、白くないですか？

今は電子申告が主流になってしまったからやらなくなってしまったけど、紙で申告していたときは、法人税申告書の第1表は青い紙に印刷して出していたんだ。

なんで青い色になったんだろう？

日本は申告納税制度

ちょっと長くなるけれど、大切なことだから話しておこう。戦前の日本は賦課課税方式だったんだ。

賦課課税方式？

税務署が調べて税額を確定させていたんだ。今も固定資産税や自動車税なんかは、地方公共団体から勝手に税額が通知されてくるでしょ？　法人税や所得税なんかも昔はそうだったんだよ。

お上が税額を計算していたんですね。

終戦後、日本は新憲法を制定し国民主権となる。そこで、納税に関しても自分のことは自分でという『申告納税制度』が導入されたんだ。GHQ占領下で、アメリカが申告納税制度を採用しているという理由もあったみたいだね。

【課税方式】

賦課課税……税務署などが調べて税額を確定
申告納税……自分の税金は自分で計算

帳簿は調査のためにある

申告納税制度は国民が自分の税額を自分で計算するから、ズルをする人が出てくる可能性があるよね。

確かに。

だから調査があるんだ。調査があるから正しく計算しようという意識が働き、ズルをしようとする気持ちに歯止めがかけられる。

社長さんも、みなさん調査を気にしてます。

申告が正しいかどうか後々調査ができるように帳簿が保存されている必要がある。申告納税制度と税務調査、帳簿記録は切っても切れない関係になっているんだよ。

記帳するのは調査のためなんだ。

そう。日本が申告納税制度を維持する間は税務調査と帳簿記録からは逃げられない。

「記帳をきちんとします宣言」が青色申告承認申請書

戦前の日本は記帳能力が低かったし、記帳していないことも多かった。記帳させて、記帳能力をアップさせるため、『記帳をきちんとします』と宣言した者には税制の特典を与えることにしたんだよ。

ふんふん。

『記帳をきちんとします』宣言が青色申告承認申請書だよ。

やっと出てきた、青色。

でもなんで青色？

マッカーサーが日本に来たときの空の青さから、青空のように曇りのない申告をしようという理由でつけられたとか、シャウプ勧告で有名なシャウプの言葉『青空のような色』が由来になっているなど諸説あるみたいだよ。

諸説あるんだ。

青色が選ばれたのはアメリカとの関係が深いのは確かだね。

青色の特典は記帳をしっかりしてもらうためのアメで、アメをもらえる法人は青色の紙に第1表を印刷したわけですね。

そうだね。蛇足だけど、白色申告という表現は青色申告以外の申告を指す俗称であって正式名称じゃないんだよ。

え、そうなんだ。

30万円未満の少額減価償却資産は管理が必要

そうすると、（株）○○で新しくパソコンを買っていたけど、価格が15万円で30万円未満だから青色申告の少額減価償却資産の特例を適用して、消耗品費で計上となる、ってことですかね？

青色申告者だから仕訳を入力するときの科目はそれでいいけれど、管理が必要だよ。

 なんでですか？　買ったときに経費にできるのに。

30万円未満の少額減価償却資産は『少額減価償却資産の取得価額の損金算入の特例に関する明細書（別表16（7））』を添付して申告することが必要だし、300万円までの頭打ちの管理もしなくちゃならない。

 損金にできるからそれで終わりじゃないんですね。

ついでに、30万円未満の少額減価償却資産は償却資産の申告も必要だし。

 償却資産の申告？

 償却資産税のことかな？

「償却資産税」という名前の税金は存在しない

そう。正確にいうと地方税である『固定資産税』なんだけど、『償却資産税』と呼ぶ人も多い。『償却資産税』という税金はないんだけどね。

 え、そうなんですか？　償却資産税って聞くけど……。

『白色申告』みたいなものだね。

俗称なんですね🎵

 固定資産税というと土地・家屋に課税されるもの、というイメージがあるけれど。

有形償却資産も固定資産税の対象だけど課税方式が違うんだ。土地と家屋は登記簿や航空写真で賦課課税が可能だけれど、償却資産は登記とかがないから申告納税方式を採っているよ。

 だから土地・家屋の固定資産税は市区町村から課税明細書が届くけど償却資産は申告するのか。同じ固定資産税だったなんて知らなかった。

 前の会社にいたとき、法人税さえわかっていればいいと思っていたけれど、税理士事務所はいろんな税金を扱わなくちゃいけなくて、法人税を知っているだけじゃ足りないんですね……。

そうなんだよね。僕も税理士事務所に入って面食らったよ。ある程度の規模の一般企業にいると人事総務が給与計算や社会保険の計算をしてくれるし、営業マンは自分で印紙税の勉強をしているけれど、小さな会社はそうはいかない。税理士事務所は何でも屋にならざるを得ないんだよね。

一括償却資産は償却資産の申告対象外

ついでだから『償却資産税』の説明をしておこう。基本的に償却資産の申告対象は10万円以上だけど、10万円以上20万円未満の減価償却資産を一括償却資産として計上した場合は、償却資産の申告対象にはならないよ。

え、一括償却資産って？

20万円未満の資産なら一括償却資産として3年で損金にできるの（法人税法施行令第133条の2）。大企業には中小企業の特例はないから、20万円未満ならパソコンは4年で償却よりも一括償却資産として計上して、3年で損金にできるほうが有利でしょ？

なるほど。

その一括償却資産は償却資産の申告対象ではないんですね。

そうなんだ。償却資産の申告対象になるかならないかは、けっこう厄介でね。図にした方がわかりやすいかな。

【償却資産の申告対象・対象外】

金額 法人税法上の処理	10万円未満	10万円以上 20万円未満	20万円以上 30万円未満	30万円以上
一時損金算入	申告対象外	—	—	—
一括償却資産	申告対象外		—	—
中小企業特例	申告対象			—
個別減価償却資産	申告対象			

10万円未満の資産は通常一時に損金にしていると思うけど、赤字を少しでも減らしたい場合など資産計上している場合がある。表では『個別減価償却資産』と書いてあるところだね。これは、償却資産の申告対象となる。

処理の仕方で申告の要不要が変わるんだ。

20万円未満の資産を一括償却資産として計上した場合には償却資産の申告対象外となるけれど、中小企業の特例で支出した期の損金にした場合は償却資産の申告対象となってくる。

 20万円未満の資産は要注意ですね。

償却資産は赤字でも課税されるから、もし、（株）○○が赤字で法人税の納税がない場合、償却資産が課税されない一括償却資産として計上した方が有利となるよね。

 減価償却の計算の前にいろいろと考えなくてはならないことがあるんだなあ。

そうだね。計算は入力を間違えなければシステムがやってくれる。税理士事務所ではいろんな知識をベースに、どうしたらお客さんに有利かを判断するのが大切になってくるね。

償却資産の申告対象となる資産は

償却資産の申告対象は、土地及び家屋**以外**の事業の用に供することができる資産。

自動車税・軽自動車税の課税対象となるものや、棚卸資産、ソフトウエア、特許権、電話加入権、繰延資産など無形のものは償却資産には含まれない。

 家屋が含まれないのが不思議だな。

家屋は賦課課税されるから、償却資産でも課税したら二重課税になってしまうからね。

あ、そうか。

家屋のオーナーが取り付けた建築設備で構造上一体となるものは家屋として考えて償却資産の課税対象外だけど、構造的に簡単に取り外しが可能なものは課税される。

賃借人が取り付けたものは通常、全部償却資産の申告対象となるよ。

家屋の所有者が取り付けた場合と賃借人が取り付けた場合とで申告が必要かが変わるんだ！ ややこしい！

そうなんだよね。まあ、これは償却資産の申告時期になったら詳しく説明するよ。

法人は任意償却

話を減価償却に戻すけれど、法人は減価償却を止めることができる。これを任意償却というんだけど、減価償却費を計上しないで赤字幅を減らしたり、黒字決算にすることができるから、金融機関には受けが悪い。

え、なんですか？　法人税法上認められているのに？

法人税法上償却を止めることはできるけれど、会計上は本来あるべき姿を歪めているともいえるからね。金融機関としては業績の良し悪しで融資を決めるわけだから、業績を見誤る危険性があるのは困るんだよ。

税金にばかり目が行ってしまうけれど、そうじゃない視点もあるんですね。

減価償却を止められるって知らなかったし、法人は定率法がデフォルトというのも知らなかったし、償却資産とか……知識の絶対量が足りない気がしてきた。

焦る必要はないよ。新しいことが出てきたときに学べばいい。

はい。

他人の建物について行った内部造作の減価償却の方法

　飲食店などが他人の建物を借りていて、その建物に内部造作を施した場合、その内部造作が建物附属設備であれば建物附属設備として減価償却をし、建物附属設備に該当しなければ建物として減価償却を行います。

　国税庁ホームページの質疑応答事例には「他人の建物について行った内部造作については、**その内部造作が建物附属設備に該当する場合を除き**、建物として減価償却を行うことになります。」（太字筆者）と記載されていますが、この太字部を読み落とされる方が大変多いのです。この一文は建物附属設備に該当するのであれば建物附属設備として償却をすることを示しているはずなのですが、建物として減価償却をしなくてはならないとの誤解が広がっています。建物附属設備であるにもかかわらず、建物として減価償却することを意味する文ではありません。建物と建物附属設備では耐用年数が全く違いますので注意しましょう。

8 交際費

なぜ法人は交際費が全額損金とならないか

この諸会費勘定に計上している会の内容は乙社長に確認した？

領収書に会費って書いてあるから会費かと。

会と名前を付けてあっても、実質は懇親会で、飲食の会だったりすることが多いよ。

○○会会費だから諸会費、じゃないんだ。

税理士や弁護士みたいな士業と呼ばれる業種では、税理士会、弁護士会に会費を払わないと活動できないから会費を払っているんだけど、これがほんとの『諸会費』に計上される会費だね。飲食の会は『交際費』。勘定科目を直しておいてね。

でも、費用科目だから、諸会費に計上してあっても損益は変わらなくないかなあ？

税額が変わる可能性があるの。
法人税法上では、交際費は一定額までしか損金にならないのよ。

え、そうなの？

そう。正確には租税特別措置法だね。それに、他の科目にしておくと申告書を作成するときに拾い漏れるかもしれないから、交際費は交際費勘定に集めておく方がいいんだ。

確かにそうですね。

お客さんによっては、管理会計上の問題で科目名を変えたくない場合もあるから、その場合は決算でチェックするしかないけどね。

どうして一定額までしか損金にならないんだろう？　交際費はビジネスで必要不可欠だと思うんですけど。

だから法人税法上では損金不算入とはされていなくて、措置法で損金不算入と定められているんだけど、立法趣旨としては冗費、つまり無駄遣いの節約が挙げられるね。

法律が無駄遣いを心配するなんて面白いですね。

戦後のことだけど、『社用族』なんて言葉が出るくらい、交際費支出が派手だったんだよ。自腹じゃとても行けないような高級な店での接待でも全部損金にできたからね。

シャヨウ族？

太宰治の『斜陽』から斜陽族という言葉が生まれたんだけど、それをもじったんだよ。社用とは会社の用事。会社の用事にかこつけて会社の金で派手に飲み食いする人を社用族なんて呼んだんだよ。

昔の人もうまいことを言いますね（笑）。

74

この制度創設のとき、『資本蓄積』なんて言葉を建前にしていたけれど、国としてはそんなところにお金を落としてるなら税金を払ってほしいわけ。

 いくらまでなら損金でいけるんですか？

中小企業は大企業と比べて仕事を受注する際に接待交際費を投じる必要があるのは仕方のないことだから、**資本金1億円以下の中小企業に対して、現行では年間800万円までの損金算入枠があるよ**（租税特別措置法第61条の4第2項）。

法人は接待時の交通費も交際費課税がある

間違いやすい所としては、接待に向かうときの交通費だね。もてなす側として飲食の場に参加する場合や、接待を受ける側の交通費を負担した場合、接待交際費になるんだ。

 交通費が接待交際費？

そう。接待交際費は『得意先等に対する接待、供応、慰安、贈答その他これらに類する行為のために支出する費用』だから、**接待するために支出した交通費も接待交際費。**

 言われてみればそんな気もしますけど、
言われなかったら気づかなかったかも……。

接待を受ける方だったら、会場に向かう交通費は普通に交通費。得意先を接待するためじゃなくて受けるための支出だからね。

 もてなされるときの支出は交際費じゃないってことか。

75

あと、懇親会みたいなお互いにもてなしあっていると考えるタイプの会は、交通費は交際費に計上。

お互いにもてなしあっていると考えるんですね。実務って奥が深いですね。

ついでに付け加えると、お中元やお歳暮を贈る送料だって交際費だよ。

……確かに！

紹介手数料は契約がなければ交際費課税

他に言われなければ気づかないところとしては、紹介手数料（情報提供料）だね。仕事を紹介してくれた人が不動産仲介業なんかでプロなら問題ないけれど、そうではない人への紹介手数料は『お礼』として見られてしまう。お礼は交際費だよね。

お礼ですもんね。

ここは一般的な感覚と税務とのズレが大きいところだから、**支払手数料や雑費に紹介料が出てきたら、契約に基づいて支払っているかどうかを必ず確認する**こと。もちろん、契約があったとしても高すぎたりするのはダメだけど。

飲食費は1人当たり5,000円以下なら損金算入OK

交際費のうち『1人当たり5,000円以下の飲食費』（租税特別措置法第61条の4第4項、租税特別措置法施行令第37条の5第1項）は、損金算入できるよ。

これって、もし１人当たりの飲食代が 9,000 円だった場合、5,000 円を損金算入、4,000 円を損金不算入として考えるんですか？

いや、そうじゃないんだ。１回の飲み会で１人当たりの飲食代がいくらか、で考える。

なるほど。１回の支払額が 5,000 円以下かどうか、で考えるんだ。

そうだよ。１回の支払額で考えるから、一次会と二次会を合計しなくていいしね。

へえ、じゃあ、安い店に行くなら梯子しても交際費課税はされないんですね。

そうだね（笑）。交際費は３つに分類して考えるとわかりやすいよ。

交際費損金不算入額の考え方

【例】交際費勘定に計上した額　2,500 万円
  A　１人当たり 5,000 円以下の飲食費 … 200 万円
  B　１人当たり 5,000 円超の飲食費 …… 1,700 万円
  C　その他の交際費 ……………………… 600 万円

中小企業は 800 万円まで交際費を損金算入できる、と言ったけど、Ｂの金額が多額になる場合、Ｂの 50% を損金算入にすることもできる。有利な方を選択できるんだ。

？

Aは800万円の枠を考えなくていいのはわかるよね？

はい、1人当たり5,000円以下ですから。

①交際費B、Cのうち800万円まで損金算入と、② B×50%＝850万円損金算入するのと、選択することができるんだ。

なるほど。この例でいくと②が有利ですね。Bが多額の場合、そちらの50%を選択した方が有利なんだ。

そう。でも、うちのお客さんでBがここまで多額のお客さんはそんなにいないけどね（笑）。

確かにひと月141万を超える飲食費ってけっこうすごいですよね（笑）。

税込経理の場合は税込で、税抜経理の場合は税抜で5,000円以下であるかどうかで判定するから、消費税の経理方式を確認しないと判定を間違えることがあるから気をつけて。

一緒に行った人の人数なんかを書いておかないといけないんですよね。

そうだね。飲食店のレシートや領収書には通常お店の名前と所在地の記載があるから、レシートや領収書に、行った人や関係、人数を書いておけばいいよ。

【1人当たり 5,000 円以下の飲食費について必要な記載事項】

① 飲食等の年月日

② 飲食等に参加した得意先などの氏名、名称及びその関係

③ 飲食等に参加した者の数

④ その費用の金額並びに飲食店等の名称及び所在地

⑤ その他参考となるべき事項

9　寄附金

神社と政治家に注意

寄附金は全額が損金になるとは限らないんだ。計算式があって、所得や資本金の額によって損金に算入できる額が変わってくる。

交際費と同じですよね。
経費計上しても全額損金になるとは限らない。

そうだね。損金算入限度額の計算はシステムがやってくれるからそんなに心配はないけど、寄附で多い、神社への奉納と政治家への寄附は押さえておきたいところだね。

神社と政治家ですか？

年始の挨拶に、神社へ会社一同で行くところもあるでしょ？

前の会社のとき、部で毎年行ってました。

これは寄附金になるんだ。通常、神社は取引先じゃないだろうし、何か見返りを求めているわけでもないから交際費にはならない。

法人から政治家個人への献金は禁止されている

あと注意したいのが政治家への寄附。

80

政治資金パーティー、ってニュースで聞きますね。それですか？

政治資金パーティーは、政治資金を集める目的で開催されるもので、領収書にも『政治資金規正法第８条の２で規定されている寄附金です』とか書いてある。

あれは寄附金なんですね。

政治資金を集めることが目的だから、パーティー券を購入しても実際は出席しないことが多い。出席していない場合は基本的に政治団体等への寄附として、交際費ではなく、寄附金として考えるんだ。消費税も不課税。

なるほど。

パーティーに実際に出席した場合は、同業者が多数出席するとか、ある程度見返りを期待して参加するんだろうから、出席分のパーティー券の代金は交際費。消費税は課税となるよ。

実際に参加したかどうかで科目も消費税も変わるのかあ。

そうなんだよ。まあでも、政治資金パーティーはさほど問題ない。参加したかどうかを確認すればいいだけだから。

わかりました。

会社が大きくなってくると、地元の政治家とつながりを持つように
なる。そうすると、地元の有力議員に寄附をするんだけど、
こっちの方が問題。政治資金規正法で、法人は政治家個人に寄
附することは禁止されている。

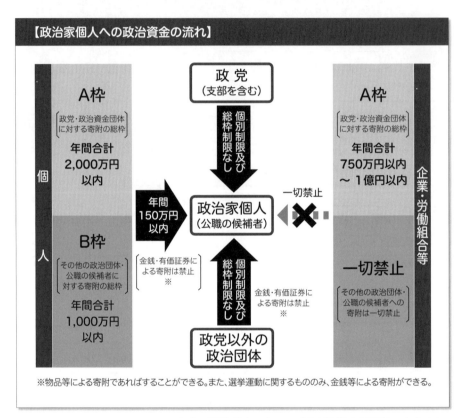

【政治家個人への政治資金の流れ】

※物品等による寄附であればすることができる。また、選挙運動に関するもののみ、金銭等による寄附ができる。

出典：総務省ホームページ「政治資金規正法のあらまし」

法人は政治家個人に寄附をしてはいけないなら、
政治資金パーティーもダメなのでは？

政治資金パーティーは「〇〇くんを励ます会」とかいう名前が多いけど、開催者は政党や政党が指定した政治資金団体なんだ。そうすると、パーティー券を買っても政治家個人に寄附したことにはならないでしょ？

なるほど。

そうじゃない寄附が問題。寄附した側は法人名義で政治家個人へ寄附したつもりだけど、議員側が発行する領収書には役員の個人名が記載してある。違法な献金を避けるために役員個人が献金した、とするんだよ。

会社のお金で寄附したのに領収書は社長の名前……。会社のお金を役員が勝手に使ったことになる？

そういうことになるよね。この献金を会社の寄附金として計上した場合、税務調査で役員賞与とされる可能性がある。

あら、役員賞与じゃ損金にならないですよね？

そうなんだよ。だから厄介でね。社長に説明の上、役員貸付に振り替え、速やかに精算してもらう必要があるんだ。

役員賞与は損金にならないんですか？

じゃあ、次は役員報酬について説明しようか。

10 役員報酬

損金算入できる役員報酬は3種類

法人税法上、損金に算入される役員報酬は3つ。松木さん言える？

 定期同額給与、事前確定届出給与、業績連動給与です。

そのとおり。業績連動給与は公開会社の話で、うちの事務所が関与している会社で出てくるのは定期同額給与と事前確定届出給与だね。

定期同額給与とは

定期同額給与は支給時期が1か月以下の一定期間ごとで、その事業年度の各支給時期における支給額が同額、つまり**毎月の給料が定額**と考えればいいよ。役員の場合、毎月の給料の額が定額から外れた分、つまり賞与は損金にならない。

 じゃあ役員はずっと給与の額を変えられない？

金額を変えることはできるよ。ただ、時期が決まっている。

 原則期首から3か月以内ですよね。

そう。3月決算法人の場合、4月から6月の間。この時期の改定は増額、減額どちらも可能だよ。新設法人の場合、設立日から3か月以内に役員給与の支給開始の決定をすれば、定期同額給与に該当する。

なんで期首から3か月以内なんですか？
会計期間とズレてますよ。

役員は株主総会で選任されて会社の経営を委任される。役員の職務執行期間は株主総会から株主総会まで。株主総会は決算日後に招集されて、そこで新たに委任を受けて報酬が決まるから会計期間とはズレるんだよ。

なるほど。

松木さん、期首から3か月を過ぎた場合は？

報酬額を変えられないわけではないですけど、理由が必要になります。臨時改定事由と、業績悪化改定事由。

臨時改定事由：平取締役から専務取締役などの役付取締役に昇格する、反対に役付取締役から平取締役への降格など。
業績悪化改定事由：財務諸表の数値の相当程度悪化や倒産の危機に瀕している場合、株主や取引先、取引銀行など第三者である利害関係者との関係上減額せざるを得ない事情がある場合。

定期同額から外れたらダメというのは、定期同額ではなくなったら支払った役員給与全額が損金不算入？

いや、そんなことはないよ。
3月決算法人で図にするとね……。

【3月決算法人の場合】

5/25
通常改定

9/1
増額改定（臨時改定事由による改定に該当せず）

（毎月20日支給）

40万 / 60万 / 70万

4月　5月　6月　7月　8月　9月　10月　11月　12月　1月　2月　3月

損金不算入となるのは（70万－60万）×9月から3月の7か月で70万

5/25
改定せず

11/25
減額改定（臨時改定事由や業績悪化改定事由による改定に該当せず）

（毎月20日支給）

50万 / 40万

4月　5月　6月　7月　8月　9月　10月　11月　12月　1月　2月　3月

損金不算入となるのは（50万－40万）×6月から11月の6か月で60万

うーん、松木さんは前に消費税を勉強しておけば良かったと言っていたけれど、僕は法人税を勉強しておけば良かったと思うよ。

ま、とりあえずぶつかったところからきちんと押さえていけば実務では大丈夫だよ。

事前確定届出給与とは

ということは、賞与は定期同額から外れるから、
役員は賞与をもらってもそれは損金にならないのかな？

基本的にはそうなるね。でも、損金になる場合もあるよ。

事前確定届出給与ですか？

そう。事前確定届出給与は事前に税務署に届出をして支給する
定期同額給与以外の不定期な給与。これが損金算入可能な役員
の賞与に当たるかな。

届出を出せば社長にも賞与が出せるんだ。

届出を出さなくても賞与は出せるんだけど、
そうすると損金にならないからね。

支払う時期がずれたり、支払う金額が1円でも違ったりすると
全額損金にならないし、けっこう厳しいのよ。

そうなんだ。

運用はシビアだけれど利点もある。資金繰りの関係上、定期同
額給与として支給するのが難しくても、資金に余裕のある時期
に事前確定届出給与を支給することで役員報酬の確保、法人税
の節税が可能となる。

確かにそうですね。

あとは同族会社の話だけれど、非常勤役員に対して定期同額給与ではなく年に1回報酬を支給する場合、事前確定届出給与の届出をすることで損金とすることができる。しないと損金不算入だから気を付けてね。

事前確定届出給与に関する届出書の提出期限

届出書の提出期限は、原則として支給の決議をした株主総会から1か月を経過する日又はその会計期間開始の日から4か月を経過する日のうちいずれか早い日。新設法人の場合には設立の日以後2か月を経過する日だね。

 提出したら、絶対にその届出額を支払わないとダメですか？

いや、期首から3か月を過ぎた場合に認められる役員報酬の増額減額の理由と同様の事由に該当する場合は、『事前確定届出給与に関する変更届出書』を提出することで記載内容の変更が可能だよ。

 臨時改定事由と、業績悪化改定事由か。

そう。支払をやめる場合は変更届出書を出す必要はないんだけど、支給日以前に事前確定届出給与の受取りを当該役員が辞退したことを書面等で明確にしておく必要がある。

 支給しない場合、損金不算入額は0円で税務的な影響はないのでは？

事前確定届出給与は株主総会等において事前に定められた支給日から1年以内に支払いがされない場合には、その1年を経過した日において支払いがあったものとみなして源泉徴収が必要となってしまうんだ。

源泉の義務があるんですね、知らなかったです。

役員報酬を決めるときは慎重に

基本的に役員給与は支給前に決定した額しか損金にできなくなっている、ってことですかね？

そうだね。役員報酬は社長にとって大事なモチベーションのひとつだから、役員報酬が少な過ぎれば仕事への意欲に影響するし、必要以上に多ければ経営を圧迫してしまう。

確かに。

役員報酬の決定には、毎月の業績管理や資金繰りの把握にもとづく精度の高い来期予測が重要になってくるよ。

なんだかコンサルみたいですね。

お、鋭い。税理士業務は、実はそっちにどんどんシフトしていってるんだよ。

6月

税理士事務所は６月以降、秋頃まで閑散期に入りますが、

８月に税理士試験を受験する人は、

確定申告時期から３月決算の申告終了まであまり勉強に時間が

割けなかった分を挽回できるラストスパートの時期ですので、

ピリピリしている人もいるかもしれません。

５月の３月決算法人の処理で覚えることがたくさんあり、

少し疲弊気味の新人コンビ。

３月決算法人の申告も無事終わり、

試験組であるはずの２人には少しのんびりムードが漂っています。

梅沢先輩は５月にフォローしきれなかった部分をレクチャーしています。

1 申請書と届出書

俗にいう届出書には「申請書」と「届出書」がある

先月サラッと流してしまったところなんだけど、大切だから説明したいことがあるんだ。届出のことなんだけどね。

 はい。

減価償却のところで少し触れたんだけど、法人税で減価償却方法は定率法がデフォルトだけど、『減価償却資産の償却方法の届出書』を出すと他も選択可能、という話。

 あと、『青色申告の承認申請書』の話をしましたよね。

それそれ。このふたつ、名前をよく見ると違いがあるのわかる？

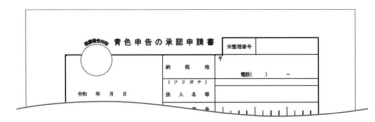

『減価償却資産の償却方法の届出書』と
『青色申告の承認申請書』。『届出書』と『申請書』……。

そう、届出というけれど、
『届出書』と『申請書』の2種類あるんだ。

届出書は単なる報告と法的効力を生じさせるものがある

届出書は行政庁の承認等を要さない、いわばお知らせ。法人設立
届出書とか、さっきの減価償却の届出書。法人を設立しましたと
か、減価償却方法は定率法とか定額法にします、というお知らせ
をしている。

なんか、軽い感じですね。

確かに法人設立届出書は単なる報告だけど、例えば消費税を計
算するとき、簡易課税を選択したい場合は『簡易課税制度選択
届出書』を提出する必要があるんだけど、この届出書で税務署
に簡易課税を選択します、とお知らせしないと法的効力が発生
しない。

法的効力が発生しなかったら大変！

でしょ？　税務署にとっては『こっちを選択します』というの
は単なるお知らせで返事もこないけれど、納税者にとっては出
さないと自分の有利な方法を選択できないわけだから、重要だ
よね。

申請書は承認が必要なもの

『青色申告の承認申請書』、これには帳簿組織の状況を記載するんだけど、これに記載したとおりきちんと帳簿をつけるので、青色申告を認めてください、という書類で、税務署がこれに対していいですよと承認を出さないと青色申告が認められない。

 届出書と違って税務署の返事がくるんですね。

本来は承認するという返事がこないと認められないわけだけど、実務上は承認だと返事はこない。自動承認とかみなし承認とか言っているね。

 返事がないのがOKなんですね。不思議な感じがします。

いちいちそれに返事をするのも業務が煩雑になるからだろうね。

届出書、申請書は期限が大事

届出や申請は期限を過ぎてしまうと適用したい期から適用できないことになってしまうので、期限は細心の注意を払う必要があるよ。

 はい。

期限が土日祝日だと延長となるもの

期限が土日祝日と重なった場合、翌日に延長されるかされないかも大事なポイントだね。国税通則法の第10条第2項で提出期限が土日祝日に当たってしまった場合でも、**『時』をもって規定されている場合は延長なし**とされているよ。

> **国税通則法第10条第2項**
> 　国税に関する法律に定める申告、申請、請求、届出その他書類の提出、通知、納付又は徴収に関する期限（時をもつて定める期限その他の政令で定める期限を除く。）が日曜日、国民の祝日に関する法律に規定する休日その他一般の休日又は政令で定める日に当たるときは、これらの日の翌日をもつてその期限とみなす。

例えば、所得税確定申告の提出期限は『その年の翌年2月16日から3月15日までの期間』（所得税法第120条第1項）という表現になっているから、時を指しているわけではない。

とすると、土日祝日なら延長あり？

そう。期間であって、時ではないから延長あり。法人の申告書提出期限は『各事業年度終了の日の翌日から2月以内』（法人税法第74条第1項）。これも期間だね。時ではない。

期日が土日祝日でも延長されないもの

延長されないものの例を挙げると準確定申告があるよ。

準確定申告？

出国する人や、亡くなった人の確定申告のことだよ。出国の場合、『出国の時までに』（所得税法第126条第1項）申告書を提出しなくてはならないとされている。

まさしく『時』ですね。延長はなしか。

同じ準確定申告でも死亡の場合は『その相続の開始があつたことを知つた日の翌日から4月を経過した日の前日』（所得税法第124条第1項）となっていて、時ではなく期間だから延長ありなんだ。

同じ準確定でも違うなんて。

あと延長がないものの例としては、法人税の青色申告書の承認申請書。青色申告書を提出しようとする『事業年度開始の日の前日まで』（法人税法第122条第1項）に提出となっているから延長はないよ。

確かにこれは時の感じかな。始期がないから期間じゃないし。

もし○○の前日まで、の前日が日曜だった場合は？

次の月曜日に持っていったらアウト。これはわかるよね。あと気を付けなくてはいけないのが、『発信主義』と『到達主義』なんだ。

発信主義と到達主義

発信主義と到達主義？

発信主義は郵便局の消印の日付が提出日、到達主義は書類が税務署に届いた日を提出日とするんだ。どっちなのかは提出書類によって変わるんだよ。

 書類によって提出日とみなす日が変わる？

国税庁のホームページに、『税務手続に関する主な書類の提出時期の一覧』が掲載されているから見てみるといいよ。

発信主義・・・通信日付印により表示された日を提出日とみなす
到達主義・・・書類が税務官庁に到達した日

申告書やだいたいの届出は発信主義で考えるから、実務的には期限である日曜日に中央郵便局に行って消印をもらえば、月曜日に税務署の担当官が開封しても問題はないんだ。

 ポストに投函じゃだめなんですか？

ポストだと、日曜だと回収してないでしょ？　出した日の消印がもらえない。出した日を主張するには消印が欲しい。

 なるほど。

今は電子申告が主流になってきているし、提出期限が土日にあたるようだったら金曜日までに電子申告をしておくのが一番いいと思うけどね。

消費税法は特別

ちょっと難しい話になるけれど、
消費税法には期限が書かれていないものもあるんだ。

 期限がないんですか？

実質的にはあるんだけど、
例えば簡易課税制度選択届出書の場合。

『……適用を受ける旨を記載した届出書を提出した<u>場合には</u>（下線部筆者）、
当該届出書を提出した日の属する課税期間の翌課税期間……』（消費税法第
37 条第 1 項）

こんな表現になっていて、『期限』は書かれていない。期限が
ないから土日祝日の延長はないと考えるんだけど、所得税や法
人税に比べてわかりにくくて、問題視している学者もいるんだ。

 確かに消費税法の理論は『〜の場合には』、とか『〜の場合に
おいて』という表現が多かったなあ。

 うーん、ついていけない。できれば統一してほしいです……。

法人税の申告期限

何事も期限の確認が大切ということをもう一つ。
法人税の申告期限は？

原則として各事業年度終了の日の翌日から2月以内（法人税法第74条第1項）です。『申告期限の延長の特例申請書』を提出すると1か月延長可能（法人税法第75条の2）です。

そうだね。この届出は、出すための条件がある。

届出を出すための条件？

定款で『株主総会の時期を決算日から3か月以内に開催する』と定めてあるなら届出を出せるんだ。届出を見てごらん、理由を記載する欄があるんだ。

ありますね。

法人税は株主総会の承認を受けた利益の計算に基づいて課税所得を計算するから、株主総会が終わらないと税額も確定しない。だから、総会が決算日から3か月以内だったら、税額確定も待ってくれる。

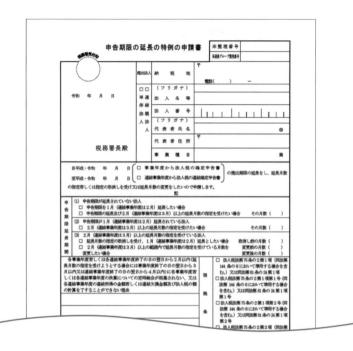

消費税の申告期限

でも、消費税は

消費税の申告と納付期限は課税期間の末日の翌日から2月以内（消費税法第45条第1項）。

え、延長はないの？

消費税は確定決算主義から外れているから。
株主総会の承認を得なくても計算できちゃうから。

そのとおりだね。法人税が延長しているから、と消費税までのんびり構えていると大変なことになるから気をつけないといけないところだね（※令和2年度税制改正により消費税も延長が認められるようになる予定です）。

ビックリ！

延長を出していても、法人税も納税は5月中にしておいたほうがいい。2か月を過ぎると、延長を出してあったとしても利子税が発生してしまうからね。

利子税？
延長が認められてもペナルティが発生するんですか？

利子税と延滞税

いや、利子税というのは利息みたいなもので、**ペナルティである延滞税とは違う**んだ。利子税は法人税を計算する上では損金算入できる。とはいっても、お客さんにとってはお金が出ていくからよろしくないよね。

確かに。

だから、通常は3月決算法人の場合、5月中にしっかり税額まで算出して、『見込納付』として納税しておく。そのあと、株主総会で承認を得てから申告書を提出するんだ。だから、延長が出ていようとも、**納税は2か月以内**と覚えておいた方がいい。

法人税も、消費税も2か月で納税しておくんですね。

そう。お客さんにも、きちんと2か月以内に納税をお願いするのを忘れないようにね。

> 税理士事務所では税法やシステムなど勉強しなくてはならない
> ことばかりで財務分析まで勉強する余裕はないとは思うけど、
> 関与先の財務を見るうえで、固定費、変動費、損益分岐点、こ
> の3要素だけはぜひ知っておいてほしいな。

【固定費と変動費】

固定費……売上が0円であっても発生する費用のこと。家賃や人件費、リース料、減価償却費など。

変動費……売上の増減に連動して金額が増減するもの。代表的な例としては商品仕入、製品の原材料や加工費、製造原価の水道光熱費など。

＊人件費は基本的に固定費に入りますが、売上の増加に伴って増える残業代等を変動費として分析することもあります。

【損益分岐点】

原価7,000円の商品を1万円で販売（原価率70%または粗利益率30%）、費用は売上原価と給料のみ、給料は300万円とします。

単位：万円

	① 800個	② 1,000個	③ 1,200個
売上	800	1,000	1,200
売上原価	560	700	840
粗利	240	300	360
給料	300	300	300
損益	△ 60	0	60

> 損益分岐点
> （＝損も益も出ない）

損も益も出ないのが損益分岐点

売上から売上原価を引くと粗利益（売上総利益のこと。以下粗利）となる。① 800 個売れたときと③ 1,200 個売れたときは粗利から給料 300 万円を引くと損や益が出ているけれど、② 1,000 個売れたときは、粗利から給料 300 万円を差し引くと 0 円。

粗利と固定費が一致すれば損も益もでない。

そう。この**損も益もでない一致点を損益分岐点**と呼ぶんだ。

損益分岐点は粗利で固定費を賄えるかを見ている

これさえわかれば給料を 600 万円にしたいときの損益分岐点の売上高を簡単に出せるよ。

600 万円 ÷ 30%（粗利益率）＝ 2,000 万円

2,000 万円の売上があれば給料を 600 万円もらえる。これを経営分析では、
損益分岐点売上高＝固定費 ÷｛（売上高－変動費）÷ 売上高｝
と長い算式にしているけれど、｛　｝の中は粗利益率。固定費を粗利益率で割るとその固定費を賄えるだけの売上高を算出することができる。

なんとなくわかったような。

損益分岐点を超えたあとの売上の伸びは変動費（仕入）を負担するのみ。上記のケースで3,000万円を売り上げた場合の費用は、固定費600万円と変動費2,100万円の合計2,700万円となり、300万円の利益（損益分岐点である2,000万円を超えた分の売上1,000万円×粗利益率30%）が出る。

業態によって全く異なる損益分岐点の図

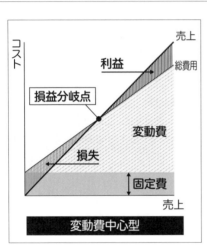

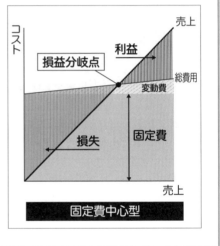

ああ、この図……見たことはありますけど、見方がよくわからなくて。

まずは縦軸と横軸の交点から伸びている線が売上。右に行くにしたがって売上が増えている。でも、固定費は売上が上がろうと下がろうと同額だからずっと同じ高さのまま。縦軸と固定費の交点から伸びている線が総費用を表している。総費用は固定費＋変動費。変動費は売上が増えると比例して増えるよね。

うーん……。

縦軸と固定費の交点から伸びている総費用線の高さが費用の合計で、売上の線がこの線の下にあるということは……？

売上の線が下の場合は赤字！
損益分岐点は固定費＋変動費＝売上！ 損も益も出ていない！

お、見えたみたいだね。損益分岐点を超えて売上を伸ばすと利益が出る。そのあとは変動費の負担が増えるだけだから利益がどんどん増えていく。

なるほど！

実際は、人件費なんかは固定費に分類されているけれど、売上が伸びれば人員増強や残業代の増加で固定費も増えないわけじゃないんだけどね。

損益分岐点のこの2つの図はずいぶん違いますね。
これはなぜですか？

左側の損益分岐点の図は小売業などの変動費の割合が大きい業種の例。右側はホテルのような固定費の割合が大きい業種の例だよ。ホテルは建物を建てるから減価償却費が大きい。つまり固定費が大きい。変動費はシーツ替えやアメニティグッズ程度で低い。

右側の図は総費用線の勾配が緩やかですね。

ホテルという業態の特性だね。売上が増えることによる変動費の負担が少ないから、宿泊日直前に売れていない部屋は値下げをしてでも部屋を埋めるケースがあるんだ。変動費はほんのちょっとなんだから、少々値引きしても大丈夫なわけ。

だから直前になると安くなるのかあ。

反対に、変動費の割合が大きい業種は値引きに気を付けないといけない。値引きするということは変動費の割合が高くなるということ。総費用線の勾配がきつくなるわけだから、損益分岐点の売上がさらに高くなってしまう。

なるほど。

薄利多売は大変だよ。『安さで勝負』は規模の小さい中小企業にとっては負担が大きいよね。お客さんには、安易に値引きに走るんじゃなくて、付加価値をつけることできちんと利益を出してもらうように助言したいところだね。

ニーズにあった目標売上高を求める

損益分岐点をベースに考えれば、社長さんのニーズに対応した目標売上高を算出できるようになる。社長さんにもう少し給料を上げたいと言われたら？

今現在の固定費に給料のアップ分を加算して、粗利益率で割り返せば給料を上げて損も益も出ない売上高が出ます。

そのとおり。

借入しても返せる目標売上高を求める

借入を検討している場合を考えてみようか。

【前提】
収入＝すべてキャッシュで入ってくるものとする
費用＝減価償却費以外すべてキャッシュが出ていくものとする

減価償却費（キャッシュが出ていかない費用）が **70万円**
年間の借入返済額が **120万円**

もし利益が0だったとしたら、この前提条件だと返済に回せるキャッシュは減価償却費分の70万円。120万円－70万円の50万円、返済が減価償却費を超えていて、これは利益が出ないと返済できない。利益が出るということは納税が発生するから、税率を25%とすると、

（120万円－70万円）÷（1－25%）＝約67万円

借入返済ができる納税を考慮した利益は約67万円となる。

納税分も考慮するのか。

そう。粗利益率を30%、減価償却費70万円を含めた固定費を800万円とした場合、固定費を賄い、借入返済し、納税もできる目標売上高はこうなるよ。

（800万円＋67万円）÷30%（粗利益率）＝2,890万円

現状でいくらまで返済できるかを求める

今現在の状態でいくらまで返済可能かどうかは、現状の減価償却費と試算表の税引き前利益で返済可能な借入の額を計算できるよ。これは簡単。

ああ、よかった。

さっきやった方法を利用して、まず税引き後利益を出す。

税引き前利益 67 万円 × （1 − 25%）＝約 50 万円……税引き後利益

税引き後利益と減価償却費を足した金額を償却前利益と呼ぶんだけど、これが返済可能な額となるよ。

税引き後利益 50 万円＋減価償却費 70 万円＝償却前利益 120 万円

あ、さっきの借入額と同じ額になった。

一致したね、めでたしめでたし。これに経費になっていないけれどキャッシュは出ていく保険積立金なんかを考慮してあげれば、それなりに根拠のある数字として使えるからね。

7月

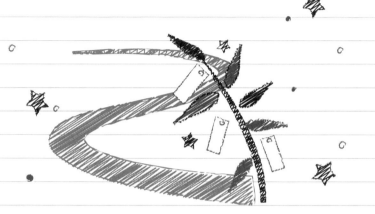

7月10日は、『源泉所得税の納期の特例の承認に関する申請書』を
提出しているお客様にとっては源泉所得税の納期限です。
給与や報酬を支払う法人などは、支払額から源泉所得税を差し引き、
最寄りの金融機関や税務署の窓口で納付する義務があります。
納付期日は給料や報酬などを支払った月の翌月10日までが原則ですが、
日本のほとんどの企業は中小零細企業であり、
毎月納付の事務作業の負担を負いきれない会社もあります。
そのため、従業員が10名未満の場合は
『源泉所得税の納期の特例の承認に関する申請書』を提出することで、
給与の源泉所得税は半年に一度まとめて納付すればよくなっています。

1 源泉徴収に関する注意点

「納特」とは

さて、7月は『納特』の期限が10日だから忙しいよ。

ノウトク、ですか？

給与や利子、配当、税理士報酬などの所得を支払う者には、その所得を支払う際に所得税額を計算し、支払金額からその所得税額を差し引いて、国に納付する義務があるんだ。

所得を支払う者、に所得税を差し引く義務がある？

そう。差し引くことを天引きともいうね。源泉徴収の対象とされている所得の支払者は、それが会社や協同組合である場合はもちろん、学校、官公庁であっても、また、個人や人格のない社団・財団であっても、全て源泉徴収義務者となるよ。

個人にも義務があるんですね。

そう、法人じゃなくてもしなきゃいけない。通常、天引きした源泉を納付するのは源泉対象所得を支払った翌月10日までなんだけど、従業員が10名未満の会社だと、届出をすれば年に2回にできる。

源泉所得税の納期の特例の承認に関する申請書

			※整理番号	

税務署受付印

		〒	
	住 所 又 は 本店の所在地	電話　　－　　　－	
令和　　年　　月　　日	（フリガナ）		
	氏 名 又 は 名 称		
	法 人 番 号	※個人の方は個人番号の記載は不要です。	
	（フリガナ）		
税務署長殿	代 表 者 氏 名		㊞

次の給与支払事務所等につき、所得税法第 216 条の規定による源泉所得税の納期の特例についての承認を申請します。

給与支払事務所等に関する	給与支払事務所等の所在地 ※ 申請者の住所（居所）又は本店（主たる事務所）の所在地と給与支払事務所等の所在地とが異なる場合に記載してください。	〒 電話　　－　　　－		
	申請の日前 6 か月間の各月末の給与の支払を受ける者の人員及び各月の支給金額 〔外書は、臨時雇用者に係るもの〕	月 区 分	支 給 人 員	支 給 額
		年　月	外 　　　　人	外 　　　　円
		年　月	外 　　　　人	外 　　　　円
		年　月	外 　　　　人	外 　　　　円
		年　月	外 　　　　人	外 　　　　円
		年　月	外 　　　　人	外 　　　　円
		年　月	外 　　　　人	外 　　　　円
	1　現に国税の滞納があり又は最近に			

『源泉所得税の納期の特例の承認に関する申請書』を提出することで年 2 回の納付で良くなるんだ。

納期の特例を縮めてノウトクですね。

そう。1 月から 6 月に天引きした分を 7 月 10 日までに納付、7 月から 12 月に天引きした分を 1 月 20 日までに納付するよ。

源泉徴収の対象となる所得は

源泉徴収の対象となる所得はけっこうあってね。
これでも一部だよ。

支払を受ける者	源泉徴収の対象とされている所得の種類と範囲
居　住　者 〔国内に住所を有する個人又は現在まで引き続いて１年以上居所を有する個人〕	1　利子等 2　配当等 3　給与等 4　退職手当等 5　公的年金等 6　報酬・料金等（「3 給与等」又は「4 退職手当等」に該当するものを除きます。） 7　保険業法に規定する生命保険会社、損害保険会社等と締結した保険契約等に基づく年金 8　定期積金の給付補填金等 9　匿名組合契約等に基づく利益の分配 10　特定口座内保管上場株式等の譲渡による所得等 11　懸賞金付預貯金等の懸賞金等 12　割引債の償還差益 13　割引債の償還金に係る差益金額
内　国　法　人 〔国内に本店又は主たる事務所を有する法人〕	1　利子等 2　配当等 3　定期積金の給付補填金等 4　匿名組合契約等に基づく利益の分配 5　馬主が受ける競馬の賞金 6　懸賞金付預貯金等の懸賞金等 7　割引債の償還差益 8　割引債の償還金に係る差益金額（一定の内国法人に限ります。）

わ、一部でも多い。

これ全部いつも出てくるわけじゃないからね。通常出てくるのは居住者の欄３の給与等と６報酬・料金等だよ。この給与等と報酬・料金等の一部が納期の特例の対象となっている。

報酬・料金等に該当するものは？

報酬・料金等って具体的には何ですか？

デザインをしてもらったり原稿を書いてもらったり、講演をしてもらった場合に支払うものだね。

【報酬・料金等】

（1）原稿料や講演料など（デザイン料、作曲料、指導料、通訳料なども）
（2）弁護士や公認会計士などの特定資格をもつ人に支払う報酬
（3）社会保険診療報酬支払基金が支払う診療報酬
（4）プロスポーツ選手やモデル、外交員などに支払う報酬
（5）芸能人や芸能プロダクションを営む個人に支払う報酬
（6）旅館などの宴会で、客に接待をする仕事（ホステスなど）に支払う報酬
（7）プロ野球選手の契約金など
（8）宣伝のための賞金や馬主に支払う競馬の賞金

納期の特例の対象となる所得は

注意してほしいのは、この報酬・料金等は、全部が納期の特例の対象とはなっていないんだ。対象となるのは次の2つなんだよ。

【納期の特例の対象となるもの】

①　給与等及び退職手当等（非居住者に支払ったこれらのものを含みます。）について源泉徴収をした所得税及び復興特別所得税
②　弁護士（外国法事務弁護士を含みます。）、司法書士、土地家屋調査士、公認会計士、税理士、社会保険労務士、弁理士、海事代理士、測量士、建築士、不動産鑑定士、技術士等に支払った所得税法第204条第1項第2号に掲げる報酬・料金について源泉徴収をした所得税及び復興特別所得税

え！ めっちゃややこしいなあ。
報酬・料金等は全部『納期の特例』の対象でいいのに。

ほんとだよね。知らない人も多いから注意が必要だよ。

納付書が源泉徴収対象によって異なる

税理士や社労士、司法書士報酬などの報酬・料金にかかる源泉所得税の納付は、給与所得と一緒の納付書である**『給与所得・退職所得等の所得税徴収高計算書』**を使う。

士業報酬の源泉所得税と給与源泉所得税は
一緒に納付するんですね。

『納期の特例』対象は同じ納付書なのか。
これ以外は毎月納付ってことか。

そうだね。ただし、士業、と覚えてしまうとちょっと問題があってね。行政書士への報酬には源泉徴収義務はないんだ。

あら、そうなんですか？ 同じ『士』がついているのに。

源泉徴収が必要な報酬は所得税法第204条第1項に定められているんだけど、これには『行政書士』は記載されていないんだ。調べたけれど、理由はハッキリしなくて。単発の仕事が多いから、というのが通説になっているみたいだよ。

単発の仕事が多いなら、
いちいち計算するのも手間ですものね。

納付書の実物がこれ。『納期の特例』の場合は左下に『納期特例分』と書いてある納付書を使う。支払年月日が複数月にまたがって記載できるようになっているよ。

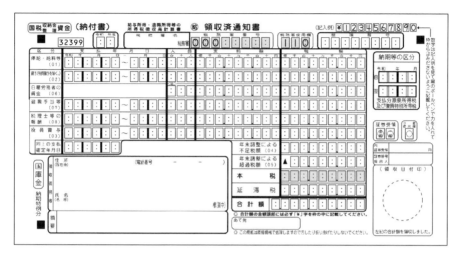

毎月納付する会社は次の納付書を使う。左下に納期特例分って書いてないし、預かった翌月に納付するから支払年月日が特定日しか書けない。

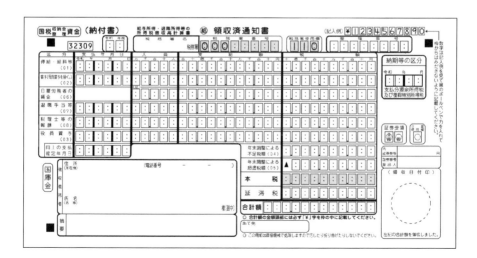

115

給与・士業の報酬以外は別の納付書を使う

士業ではない『報酬・料金等』の源泉所得税は**納期の特例の適用がないから毎月納付が必要だよ。納付書も別の物を使う**。『報酬・料金等の所得税徴収高計算書』を使用するんだ。

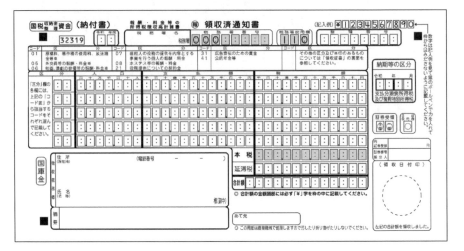

確かに、上の部分にコードがあって、ちょっと違いますね。

源泉徴収を忘れたら徴収義務者が負担することになる

あ、（株）△△は通訳の人に報酬の支払があったなあ。

報酬を支払う時、きちんと所得税を源泉徴収しているかな？源泉徴収を忘れてあとから通訳の人に『源泉徴収分返して』なんてトラブルのもとになるから、支払うときにきちんと天引きしておかないと。

通訳の人が返してくれなかったら？

源泉所得税の納税義務者は源泉徴収義務者、つまり会社が、その分を負担することになってしまうんだ。

げ、確認します。

非居住者、外国法人も源泉が必要な場合がある

あと、非居住者や外国法人の源泉所得税を納付するときは『非居住者・外国法人の所得についての所得税徴収高計算書』を使うよ。

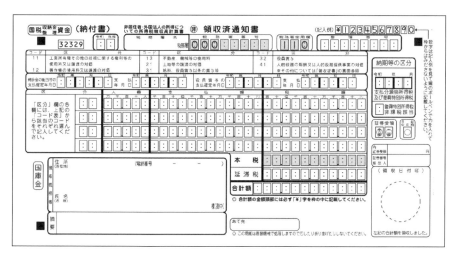

非居住者？

日本国内にいない人のことだね。海外に住んでいる人の国内源泉所得に対しては源泉する必要がある。例えば、海外にいる人が日本国内の土地を売却した場合とか、日本国内に賃貸物件を持っている場合なんかに発生するよ。

知らなかったです。

不動産屋さんが知らなくて、トラブルになることもあるんだ。土地を売るって、お金が必要だからということも多くて、源泉忘れてやっぱりちょうだいなんて言った時には、もう売り主の手元にお金はなかったり。

わ、怖い。

そうなんだよね。あと、これも『納特』の対象じゃないから、天引きした源泉所得税はこの納付書で翌月10日までに納める。

報酬・料金等の納付書と形が似ていますね。

なんの報酬に対するものかコードを記入するようになっているよ。

「お車代」として渡した報酬も源泉が必要

源泉しなきゃいけないものに自分で気づいて源泉して支払わなきゃならないんだ……。忘れそうだなあ。そもそも、なんで源泉なんてしなきゃいけないんですか？

日本国内にある法人は、納付すべき税額の有無にかかわらず毎年確定申告する義務があるけれど（法人税法第74条）、個人は納税が0円なら確定申告はしなくていい（所得税法第120条）。

え、そうなんだ。

だって、子どもとか、所得がなくて納税0だから申告いらないでしょ。

そっか。

個人でちょっとだけ報酬をもらった、なんて人は申告をめんどくさがったり、忘れたりする可能性がある。国としては税金の取りっぱぐれを防ぐために、支払う側に源泉徴収義務を課すことにしたんだよ。確定申告させるための人質みたいなものだね。

人質ですか（笑）。確かに源泉徴収されていれば税金返してほしくて申告しますよね。

とりっぱぐれを防ぐにはいい方法だけど、めんどくさいな。

そうなんだよね。取引先に源泉徴収をめんどくさがられるからというのが法人成りの理由に挙がったりすることもあるよ。あと、源泉徴収義務があるせいで、支払額にも気を遣わなくてはならないこともある。

支払う額ですか？

例えば、えらい弁護士の先生なんかを呼んで講演してもらったとする。その先生が個人でやっていて、弁護士法人ではなかった場合、報酬は源泉しなきゃだよね。

ええ。

お礼って、手渡しで払うこともあるでしょ。じゃあ報酬を源泉差引後の端数で支払うのか、というと、じゃらじゃら小銭を渡すなんてカッコ悪い。だから、報酬の額を少し多くして、源泉を引いたあとの金額が、例えば5万円とかぴったりの額になるようにするんだ。

えー、計算もめんどうなんだ。

まあ、ネットで検索すればいくらにすればいいか出てくるよ。

あ、そのお礼、『お車代』として払えば報酬じゃないから源泉しなくて済むんじゃないでしょうか？

それが、ダメなんだ。お車代と銘打ったとしても、内容は報酬でしょ？ そうすると源泉が必要なんだよ。

ズルできないようになってるんですね。

報酬・料金等の源泉徴収税率

源泉徴収の税率はわかる？

はい、報酬・料金等の場合、10.21％ですよね。

そうだね。あと、100万円を超える部分については20.42％となるよ。司法書士、土地家屋調査士の場合は報酬から1万円を引いたあとの金額に10.21％になる。非居住者の場合は20.42％だね。

司法書士と土地家屋調査士はなんで1万円引いた後の金額になるんですか？

実は、僕も気になって調べたけど、明確な理由とか根拠が書いてある文献には出合えなかったんだ。通説では司法書士は登記簿謄本取得の依頼を受けることが多く、いちいち源泉していたら大変なことになるかららしいよ。

なるほど。

税率をかける報酬の額、消費税は税抜ですか？

原則は税込金額にかけるけれど、請求書などで報酬・料金の額と消費税の額が明確に分かれているなら税抜金額にかけてもかまわないよ。

「退職所得の受給に関する申告書」のあるなしで税額が変わる

ついでにこれも説明しておくけど、忘れやすいのが、退職金を支給するときには退職する人に『退職所得の受給に関する申告書』を必ず書いてもらうこと。こちらの提出がある場合とない場合とでは、退職金から源泉徴収する金額が違ってきてしまうんだ。提出がない場合は20.42%源泉徴収することになる。

退職金を支払うときは気をつけないとですね。

	年　月　日 税務署長 市町村長　殿	年分	退職所得の受給に関する申告書 退職所得申告書	支払者受付印

退職手当の支払者の

所在地（住所）	〒
名称（氏名）	
法人番号（個人番号）	※提出を受けた退職手当の支払者が記載してください。

あなたの

現住所	〒
氏名	㊞
個人番号	
その年1月1日現在の住所	

A　このA欄には、全ての人が、記載してください。（あなたが、前に退職手当の支払を受けたことがない場合には、下のB以下の各欄には記載する必要がありません。）

①	退職手当等の支払を受けることとなった年月日	年　月　日	③	この申告書の提出先から受ける退職手当等についての勤続期間	自　年　月　日 至　年　月　日	年
②	退職の区分等　一般・障害　｛生活扶助｝の　有・無		うち特定役員等勤続期間	有無	自　年　月　日 至　年　月　日	年
			うち重複勤続期間	有無	自　年　月　日 至　年　月　日	年

B　あなたが本年中に他にも退職手当等の支払を受けたことがある場合には、このB欄に記載してください。

| ④ | 本年中に支払を受けた他の退職手当等についての勤続期間 | 自　年　月　日
至　年　月　日 | ⑤ | ③と④の通算勤続期間 | 自　年　月　日
至　年　月　日 | 年 |
| | うち特定役員等勤続期間 | 有無 自　年　月　日
至　年　月　日 年 | | うち重複勤続期間 | 有無 | 自　年　月　日
至　年　月　日 | 年 |

C　あなたが前年以前4年内（その年に確定拠出年金法に基づく老齢給付金として支給される一時金の支払を受ける場合には、14年内）に退職手当等の支払を受けたことがある場合には、このC欄に記載してください。

| ⑥ | 前年以前4年内（その年に確定拠出年金法に基づく老齢給付金として支給される一時金の支払を受ける場合には、14年内）の退職手当等についての勤続期間 | 自　年　月　日
至　年　月　日 | ⑦ | ③又は⑤の勤続期間のうち、⑥の勤続期間と重複している期間 | 自　年　月　日
至　年　月　日 | 年 |
| | | | | うち特定役員等勤続期間と重複勤続期間 | 有無 | 自　年　月　日
至　年　月　日 | 年 |

D　A又はBの退職手当等についての勤続期間のうちに、前に支払を受けた退職手当等についての勤続期間の全部又は一部が通算されている場合には、その通算された勤続期間等について、このD欄に記載してください。

⑧	Aの退職手当等についての勤続期間③に通算された前の退職手当等についての勤続期間	自　年　月　日 至　年　月　日	年	⑫	③又は⑤の勤続期間のうち、⑧又は⑨の勤続期間だけからなる部分の期間	自　年　月　日 至　年　月　日	年
	うち特定役員等勤続期間	有無 自　年　月　日 至　年　月　日	年	⑤	うち特定役員等勤続期間	有無	自　年　月　日 至　年　月　日	年
⑨	Bの退職手当等についての勤続期間④に通算された前の退職手当等についての勤続期間	自　年　月　日 至　年　月　日	年	⑪	⑦と⑩の通算期間	自　年　月　日 至　年　月　日	年
	うち	有無 年 月 日		⑥	うち⑦と⑬の通算期間	自　年　月　日 至　年　月　日	年

8月

8月の税理士事務所は本当に静かです。

お盆の時期は電話もめっきり減りますので、

お盆休みを一斉にとる事務所もあるようです。

静かで比較的余裕のある時期ではありますが、

お盆に監査訪問はできないため、

月末のスケジュールは通常月よりもタイトになりがちです。

また、8月は税理士試験があります。

新人2人も受験生。

松木さんは法人税、竹橋くんは相続税を受験しました。

試験が終了して2人ともホッとしているようです。

1 税理士試験

試験お疲れ様。出来はどうだった？

理論失敗しました……。

埋めるだけは埋めたけどなんとも……。

聞いておいてなんだけど、税理士試験は 12 月に発表があるまで本当にわからないから、それまではなるべく考えないことだね。

もう少し合格発表が早ければいいんですけど。

本当に。4 か月ってけっこう長くて。

税理士事務所は 8 月は閑散期だから、今月はゆっくりするといいよ。うちは 2 人が 4 月に入ってくれたから募集しないけど、税理士試験が終わると募集をかける事務所が多い。専門学校主催の就職説明会なんかも開催されるしね。

確かにやってますね。私は前の会社の年度区切りで辞めたから入所が 4 月になったんだけど、竹橋くんはどうして 4 月入所になったの？

僕はアルバイトしていたじゃない？　学習塾の塾講師。中学生になつかれてしまって、あの子たちが志望校に合格するのを見届けてあげたい気持ちがあって。

そうなのね。

8月に就職説明会があるのは知っていたんだけど、僕の中で4月が区切りがよかったから。それに、きちんと正社員になるのになんとなく4月にスタートを切りたくて。

なるほどね。事務所としては助かったよ。最近、税理士事務所は人気がなくて、どこも人が足りないって言っているよ。

お客さんのところも人が足りない、ってよく聞きますけど、税理士業界も同じなんですね。

税理士事務所は新人の負荷が大きすぎるんだ。収益構造上仕方ないんだけどね。ほとんどの事務所は中小零細企業だから、新人をゆっくり育てる暇がない。

税理士事務所のお客さんも中小零細企業だから、ひと月に顧問料を何十万ももらえるわけじゃない。そうすると、まともに仕事を教えてもらえないのに新人ひとりでお客さんのところに行くことになったりする。

確かに……。

しかも仕事内容がこれだけ難しいじゃない？ 新人なんだけど、お客さんにとっては税金のプロだから求められるレベルが高くなってしまう。税理士試験で勉強したこと以外にも大切なことはたくさんあるしね。

確かにそれは感じるなあ。試験に合格している消費税法でも実務でつまずくこともあるし、相続にいたっては試験に出てこないことが多すぎる。

そうなんだよね。合格しているからって全部の処理ができるようになるわけでもないし、実務でぶつかって初めて知る、理解することも多いよ。でも、それがこの仕事の面白さでもある。

まだ面白さを見出す余裕はないです。

確かに。

僕がこの業界に初めて足を踏み入れたのは、ここの前に勤めていた事務所に入ったときなんだけど、わからない言葉が飛び交っているし、何がわからないかもわからないというか……入所して2年くらいは毎日『明日辞めよう』と思っていたよ（笑）。

え、先輩がですか？

そうだよ。だってわからないことだらけで、先輩たちは冷たいし。所長はうちの所長と同じでいっつも事務所にいないし。

先輩にもそんな時期があったなんて！

実は、僕は税法免除組なんだ。

ええ？　先輩がですか？

今の受験制度は、大学院に行ったとしても会計科目、税法科目を1科目ずつ自力で受かる必要があるじゃない？ 僕のときは大学院に行けばまるまる会計科目、税法科目の免除がもらえたんだ。会計科目は自分で受験したけど、税法はまるっきりの免除。

ええ〜。

僕は松木さんと一緒で、最初一般企業にいたんだ。そこで申告書を作成していたんだけど、せっかく税理士の資格を取ったんだから、一度税理士事務所に勤めてみようと思って転職したんだけど……最初は本当に後悔したよ。

先輩も一般企業出身だったんですね。

法人税の申告書くらいしかやっていなかったのに、税理士事務所に入ったとたんに法定調書、年末調整、償却資産、確定申告……知らないことだらけ。つらかったよ。

よく辞めなかったですね。

そうだね、なんでだろう。……所長が好きだったからかな。こ〔　〕わかったけれど、とても人間的な魅力のある人だったんだ。でも、10年前に亡くなってしまった。その時、今の所長に拾ってもらったんだ。

そうだったんですね。

自由に息ができるようになったと感じたのは事務所に入って4年目くらいだったかなあ。それまでは本当に毎日『明日辞めよう』と思っていたよ。

先輩も苦労したんですね、私が大変なのは当たり前ですね。

 でも、自分だけじゃないって知ってすこし気が楽になりましたよ。

ともかく3年続けることを目指してみて。わからないことは抱え込まずに聞いてほしい。そこまで頑張れれば、違う景色が見えてくるから。

9月

残暑が厳しく夏の疲れが出てくるこの時期、

税務調査が多い印象があります。

これは税務当局の人事異動の時期と関係しています。

毎年7月10日に人事異動が発表され、

税務署職員の異動が行われます。

調査官は公務員ですが、いわばノルマがあり、それを達成すべく異動後、

調査先を選定し、調査通知、調査の日程予約をしていきます。

年間を通して税務調査は行われていますが、

新年度が始まったばかりですので

じっくり調査に取り組むことができるわけです。

お盆明けからこの時期に来る税務調査を『本気の税務調査』と

呼ぶ税理士もいます。

1 税務調査

調査には受忍義務がある

㈱甲で調査が入ることになったんだ。
そういえば調査についてまだ説明してなかったよね。

はい。前の会社のときは、調査は部長と課長が対応していて、
何をやっているか全くわからなかったし、興味あります。

そうか、そうしたら調査の流れを説明しようか。

はい、よろしくお願いします。

法人税や所得税は、自分の税金を自分で計算して申告納税する
申告納税制度を採用している。自分で自分の税金を計算するわ
けだから、中には自分の税金を安くして申告する可能性がある
けれど、その抑止力となっているのが税務調査。だから納税者
としては税務調査を受けなくてはならない受忍義務があるよ。

ジュニンギム？

受忍義務。不利益を被っても耐え忍んで我慢することという意
味だね。

事前通知は税理士に

通常、調査の前には税務署から連絡が来る。これを『事前通知』というんだ。ひと昔前は関与税理士がいても納税者に直接税務署から調査の連絡をするルールとなっていたから、税務署から電話を受けてビックリした納税者が慌てて税理士事務所に電話をしてくる、といったことがよくあったんだ。

 直接税務署から電話がくるなんて心臓に悪いなあ。

そうだよね。平成26年の国税通則法の改正により『税務代理権限証書』に『調査の通知に関する同意』欄ができたんだ。

税 務 代 理 権 限 証 書　　※整理番号

受付印		氏名又は名称	
令和 年 月 日　　　　殿	税理士又は税理士法人	事務所の名称及び所在地	電話( ) －
		連絡先	電話( ) －
		所属税理士会等	税理士会　　　　　支部 登録番号等　第　　　号

上記の税理士／税理士法人　を代理人と定め、下記の事項について、税理士法第2条第1項第1号に規定する税務代理を委任します。
　　　　　　　　　　　　　　　　　令和　年　月　日

過年分に関する税務代理	下記の税目に関して調査が行われる場合には、下記の年分等より前の年分等（以下「過年分」といいます。）についても税務代理を委任します（過年分の税務代理権限証書において上記の代理人に委任している事項を除きます。）。【委任する場合は□にレ印を記載してください。】	□
調査の通知に関する同意	上記の代理人に税務代理を委任した事項（過年分の税務代理権限証書において委任した事項を含みます。以下同じ。）に関して調査が行われる場合には、私（当法人）への調査の通知は、当該代理人に対して行われることに同意します。【同意する場合は□にレ印を記載してください。】	□
代理人が複数ある場合における代表する代理人の定め	上記の代理人に税務代理を委任した事項に関しては、上記の代理人をその代表する代理人として定めます。【代表する代理人として定める場合は□にレ印を記載してください。】	□
依頼者	氏名又は名称	印
	住所又は事務所の所在地	電話( ) －

131

ここにチェックマークをつけると、税務署は納税者ではなく税理士に連絡をする。通常は、事前に電話で確認してきて日程調整するけど、現金商売の業種など、調査に入ることが事前にわかると隠蔽の可能性がある場合は無予告もあるよ。この場合も会社の前まで無予告でくるだけで、実際に調査に入るときには納税者に同意を得るけどね。

税務署はマルサではない

税務調査って、調査官が大人数で会社に乗り込む場面をテレビで見たことがあるんですけど、前の会社の調査はそんな大がかりじゃなかったですよ。

おそらくテレビで放映されていたのはマルサが会社に乗り込むところだね。マルサは国税局査察部といって、税務署による一般の税務調査とは違うんだよ。

別物なんですね。

そう。査察調査は、大規模で悪質な脱税が主な対象となる。裁判所から捜査令状をとって行われるから、臨検、捜索、差押などの権限があって、強制的な調査。マルサの調査対象となったら拒否権はないんだ。

じゃあ、税務署の調査には拒否権はある？

確かに税務署による一般の税務調査は任意調査といわれ、調査に入るにあたり納税者の同意を得て行われる。同意を得るということは断ることもできそうだけど、合理的な理由なしに調査を拒絶すれば処罰を科されるから、建前上は任意でも実質は強制だね。

 受忍義務ってやつですね。

 そうだね。

税務署からの連絡〜事前通知〜

以下の項目内容が、税務署から税務調査の事前通知の電話のときに伝えられるから、きちんと落ち着いてメモを取るように。

①　実地の調査を行う旨
②　調査開始日時
③　調査を行う場所
④　調査の目的
⑤　調査の対象となる税目
⑥　調査の対象となる期間
⑦　調査の対象となる帳簿書類その他の物件
⑧　調査の相手方である納税義務者の氏名及び住所又は居所
⑨　調査を行う当該職員の氏名及び所属官署
⑩　調査開始日時又は調査を行う場所の変更に関する事項
⑪　事前通知事項以外の事項についても非違が疑われることとなった場合には、当該事項に関し調査ができること

所長や社長の日程が合わなければ日程変更を申し出る。日程変更には柔軟に対応してもらえるよ。

担当官について調べる

調査担当者の名前をもとに「税務職員配属便覧」で所属部署や職名、担当調査官の経験年数をチェックし、どの程度の調査になるか予想するんだ。上席国税調査官と初々しい事務官が2人組で調査に来る場合は新人教育も兼ねていることが多い。

なるほど。

たいてい調査には２人組で来る。１人じゃないのはトラブル防止の意味合いもあるみたいだね。明らかにベテランの２人組で調査に来る場合、何かしら申告漏れの証拠を掴んでいるような本気の調査の可能性が高くなる。

顧問先に調査の通知をする

調査対象となった納税者には速やかに連絡し、該当期間の税目の申告書や帳簿書類等の準備を依頼する。

【調査のために用意する書類】

① 過去３年分の決算書・申告書
② 総勘定元帳
③ 売掛帳及び買掛帳
④ 現金出納帳
⑤ 期末棚卸資産の明細表
⑥ 売上の関係書類（見積書、納品書、請求書（控）、領収書（控））
⑦ 仕入及び一般管理費の関係書類（請求書、領収書）
⑧ 賃金台帳及び源泉徴収関係
⑨ 契約書及び議事録
⑩ その他申告書作成の基となった書類

調査が初めての会社の場合、事前に訪問し、資料が準備できているかどうかを確認するとお客さんも安心してくれるよ。

事前に一緒に書類を見た方が私も安心だわ。

そのときに、調査官は見るもの聞くもの様々なところから情報を収集するプロだから、納税者には『調査当日には聞かれたことのみ答えるように』と念を押しておくこと。聞かれていないことをペラペラしゃべって墓穴を掘ることがあるからね。

3 税理士事務所での調査前の準備

税務署側の事前準備を予測する

調査官は1件1件の調査にかけられる時間が限られているから、事前に調査項目の絞り込みを行い、効率的に調査ができるように事前準備をしている。その事前準備を予測して、質問されそうなことに対する答えを用意しておくと調査がスムーズなんだ。

なるほど。

「自主点検ガイドブック」と「自主点検チェックシート」

公益財団法人全国法人会総連合が作成した『**自主点検ガイドブック**』と『**自主点検チェックシート**』というものがあって、これは国税庁の後援で、日本税理士会連合会が監修している。日常的にこのガイドブック・チェックシートを活用するのが一番良いのだけれど、税務調査前のチェックにも利用できるから、調査前にこのガイドブック・チェックシートで対象企業についてチェックするといいんだ。

国税庁の後援なら安心ですね。

直近3年の決算書数値を比較する

まず、調査対象となっている期間のP/Lを並べて比較する。時間があるようならB/Sもチェックしたいけれど。

3年分も見るんだ。

たいてい調査は3年が対象となるからね。3年分並べたところで、金額が大きく変動している科目や率をチェックする。売上が増加傾向であるならば同じように増加傾向にあるはずの経費が減少していたり、さほど売上変動の影響を受けないはずの科目が大きく増減しているところを抽出する。

異常値を探すんですね。

あとは業種特有の計上すべき内容が計上されているかどうかをチェック。**飲食店の賄い、歯科医院の廃棄金属、電気工事会社の廃棄くず**とかだね。

なるほど。

これらが調査チェック項目になる可能性が高いから、社長や経理担当者にヒアリングして、質問されたときに返答できるように準備するんだ。

調査でも使えるローカルベンチマーク

ローカルベンチマークは、本来はコンサルみたいなときに使うんだけど、これは調査でも使えるんだ。経済産業省が提供している企業の健康診断ツールで、通称ロカベンと呼ばれているよ。

ロケ弁ですよね（P17参照）（笑）。

んもう！　言わないでよ！

税務調査で必ず聞かれるのが『取引の流れ』や『主な取引先』。この『非財務情報』の部分を社長と一緒に埋めておくことで、税務調査の当日に調査官から質問されたときにスムーズに答えることができるんだ。いきなり聞かれると緊張で答えられないこともあるから、先に書き出しておくと安心だよ。

当日は舞い上がりそう……。

4 調査当日の流れ

まずは自己紹介

> いよいよ調査当日となったら、だね。調査官は身分証明書と質問検査章を提示してくる。初対面だから、そのときに調査対象者及び税理士事務所職員は名刺を渡すなどして自己紹介をするよ。立ち会う税理士は税理士証票の提示が義務となっているから必ず持参する。

調査の場所

> 調査官が調査するためのスペースを会社側が提供するけれど、こちらは応接室、会議室などある程度のスペースが取れればそれで OK。

> 前の会社でも、会議室でやっていて私は調査官とは会ったことなかったです。

> 経理部の一角みたいな、従業員が隣で仕事をしている環境だと何から何まで見られてしまうから、正しい判断だと思うよ。

雑談のときに余計なことを話さない

> たいていの調査は午前 10 時頃開始が多くて、いきなりは帳簿調査に入らない。まずは軽い雑談などからスタートし、そこから会社概要や取引の流れ、最近の事業の好不況感などを聞いてくる。社長の普段の行動や趣味まで話題に上ることもあるよ。

> なごやかな感じですね。

そう。このなごやかさに一気に緊張が緩んで、必要のないことを話してしまう社長がいるから要注意なんだよ。

わ、大変だ。

一見雑談のようだけれど、この雑談からも調査官は情報を得ているんだ。このときもだし、調査全般を通していえることだけれど、調査官から聞かれたことのみに答えることが大切だよ。

帳簿調査のときは社長はいなくても OK

この情報収集は1時間から2時間程度で、その後帳簿などの調査に入る。帳簿調査のときには税務代理人である税理士が立ち会うから、基本的に社長は同席していなくとも大丈夫。ただ、社長でないと答えられない質問などがあるかもしれないから、できればすぐ戻れたほうがいいかな。

現物確認調査もある

調査においては帳簿だけではなく、現預金、机の中、金庫の中、パソコン、名刺などの『現物確認調査』になることがある。

【現物確認調査】

・減価償却資産台帳に計上してある資産が実在するかどうか
・除却したとされる資産がまだ存在していないか
・現金残高は現金出納帳と一致しているか
・金庫などの中に申告書に記載のない預金通帳はないか　など

これらの確認のとき、特に現金、金庫、貴重品などは調査官が直接触るのではなく、調査対象者が調査官の見ているところで触ることになる。

調査官は直接触らないんだ。

調査官が触って紛失した、壊れたなんてトラブルになっても困るからね。

確かにそうですよね。

見せたくないものは毅然と断る

直接調査官がパソコンを触ることでデータを間違えて消去してしまったりする可能性もあるから、必要なものはプリントアウトして渡すようにした方がいい。

もし、見られたくないものを見たいと言われたら見せなくちゃいけないんですか？

調査官がプライベートなものを見ようとした場合、断って大丈夫。意思表示をしないと承諾したものと取られてしまうからね。というか、まず会社のパソコンなんだし、本来であればプライベートなものは入れない方がいい。見せたくないと言うと、まあ疑いたくなるのは人情だよね。

そうですよね……。自分のインスタグラムとか消しておこ……。

原則として、現物確認調査は事業に関係するものに限られる。個人事業主だったとしたら、生活費のみの預金通帳まで調査官に見せる必要はないんだ。

あ、そうなんだ。

ただ、法人の場合には所得や税額の計算に関係するものはすべて提示・提出対象となるから、事業関連性が疑われる場合にその法人の代表者名義の個人預金の提示・提出を求めることは、法令上認められた調査の範囲と考えられるよ。

もし、どうしても見せたくないと社長が抵抗したら？

どうしても見せたくないと拒否した場合、調査官は無理やり見ることはできない。調査官としては根気強く説得するか、もしくは他の手法で調査を継続するしかないよね。

反面調査は冷静に対応する

帳簿書類等に不備があり申告内容の把握が十分にできない場合や帳簿書類等の提示を拒否した場合、答弁に曖昧な点が残る場合などに『反面調査』が実施されることがある。

ハンメンチョウサ？　なんだかこわい響きだわ。

反面調査は、調査対象者の取引先や取引金融機関に対して、質問し、帳簿書類等の提示や提出を求めることだよ。

取引先にまで調査官が行くなんて、取引先に脱税してるとか思われそうだなあ。

そう。ときに信用問題に発展することもあるから、課税庁内部では客観的にみてやむを得ないと認められる場合に限って行うとしているみたいだけど、さほどめずらしい調査手法というわけでもないんだ。

でも、さっき竹橋くんも言ってましたけど、取引先に連絡なんて、どう思われるか、ちょっと心配ですよね。

取引先から反面調査に来られたと連絡があったとしても、落ち着いて調査に協力するよう依頼すれば大丈夫だよ。

留め置きの際は預かり証を必ずもらう

調査のスペースが十分にない場合や調査すべき帳簿書類が膨大で精査がその場では難しい場合、調査官から『留め置き』の申出がある場合がある。

トメオキって何ですか？

留め置きは調査官が帳簿書類等を持ち帰ることだよ。留め置きのときは、渡した渡していないのトラブルを避けるために必ず預かり証の交付を受けることが大切だよ。

渡すものの写メも撮っておこう。

10月

10月は確定申告の足音が聞こえてくる時期です。

確定申告で使用する控除証明書などが郵送され始めます。

また、医療費控除で使用する健康保険組合等が発行する

「医療費のお知らせ」には10月分あたりから記載がないため、

医療費控除を考えている関与先には

病院などの領収書の保存をお願いしておく必要があります。

10月はまだ暑い日もあるものの、秋風も吹くようになってきます。

このころ、夏から始まった税務調査が

ひと段落を迎えることが多いようです。

申告内容が正しかった場合

調査の結果、申告内容が正しかった場合は
『是認通知』が送られてくる。

	○○○－○○○○
納税地	中央区佃2丁目○番○号
法人名等	株式会社○○
代表者又は 納税人氏名	代表取締役　　　　　　　　殿

第　　　　　号

平成 **29**年 **12**月 **26** 日

京橋 税務署長
財務事務官
△△ △△

（京橋税務署印）

更正決定等をすべきと認められない旨の通知書

下記の内容について、国税に関する実地の調査を行った結果、更正決定等をすべきと認められませんので通知します。

記

税目	更正決定等をすべきと認められない課税期間等	（参考）調査対象期間
法人税	自平成26年 5月 1日至平成27年 4月30日事業年度 自平成27年 5月 1日至平成28年 4月30日事業年度 自平成28年 5月 1日至平成29年 4月30日事業年度	自平成26年 5月 1日至平成27年 4月30日事業年度から 自平成28年 5月 1日至平成29年 4月30日事業年度まで
地方 法人税	自平成27年 5月 1日至平成28年 4月30日課税事業年度 自平成28年 5月 1日至平成29年 4月30日課税事業年度	自平成27年 5月 1日至平成28年 4月30日課税事業年度から 自平成28年 5月 1日至平成29年 4月30日課税事業年度まで
	自平成26年 5月 1日至平成27年 4月30日課税期間	自平成26年 5月 1日至平成27年 4月30日課税期間から 自平成28年 5月 1日至平成29年 4月30日課税期間まで

ゼニン……是認？　『是認』という言葉がどこにもない……。

そうなんだよね。是認通知というのは俗称で、正式名称は『更正決定等をすべきと認められない旨の通知書』。

知らなかった。

146

税理士でもこの書面をしょっちゅう見かけるわけではないんだ。見たことがない税理士もいるかもしれない。

え、そうなんですか？

調査官としては増差が出るだろうと踏んで調査に来たのに増差がでない。それじゃあ上司に報告しにくい。

まあ、あれだけの下調べをして何もないじゃ悲しいなあ。

だから、少しの間違いだと納税者には口頭注意のみで済ませる代わりに是認通知は出さないで、税務署内部では調査をしなかったことにするんだ。

ええ？　あったものをなかったことにする？

そう。自分の成績を良くみせるためにその調査にかかった日数を他の増差が出た調査に割り当てることもあるらしいんだ。

調査官もサラリーマンなんですね。

こんな理由で出回る絶対数が少ないんだから見たことのない税理士がいてもおかしくない、と言う人もいるんだよ。

申告内容に間違いがあった場合

調査の結果、非違がある場合には、調査官は調査対象者に対し、非違の内容について、原則としてまず口頭で説明する。

ヒイってなんですか？

非違は違法行為とか間違いという意味だね。調査官は必要に応じて、非違の項目や金額を整理した資料を示して説明する義務がある。また、このときに追加納付税額や加算税のほか、延滞税が生じることを説明される。

通常、ここで税務署側は国税通則法に則り修正申告や期限後申告の勧奨をしてくる。

自分で訂正することを勧められるんですね。

そう。ここで勧奨を受け入れて修正申告等をした場合は、更正の請求をすることはできるが、不服申立てをすることができなくなることの説明があり、その旨を記載した書面を交付される。

納税者側からの修正

修正申告はわかるかな？

税額を少なく申告していたものを、申告期限を過ぎてから正す申告。

そうだね、あと、還付額を多く申告していたものを少なく修正することだね。つまり追加納税が発生する手続き。反対に還付を受けるための手続きは？

更正の請求かな？

そうだね。更正とは正しいものに直すという意味だね。

税務署側からの処分

調査の結果に納税者が納得いかず勧奨を拒んだ場合、税務署は税額を増やす手続き、つまり『更正処分』をする。行政処分で強制力を持つものを『処分』というんだ。

ちょっと強い意味なんですね。

無申告の場合は更正するべき元の申告がないから『決定処分』というよ。

更正処分には理由付記が必要

税務署のホンネでは更正処分はしたくないんだ。**更正処分をすれば『理由付記』といって否認根拠を明確に文書にて明示しなくてはならない。**

だから修正申告を勧奨されるんだ。

理由付記は納税者を守るためにある

理由付記が定められている趣旨は納税者を守るため。だから、理由付記にあいまいな表現は認められない。理由付記の程度が満たされていないというだけで、処分の根拠や内容に関係なく処分が取消しになったケースもあるんだ。

税務署にとっては厳しいですね。

149

安易に修正に応じる必要はない

納税者側の間違いであれば速やかに修正に応じる方が良いと思うけど、納得いかない場合には修正に応じる必要はないんだ。見解の相違ということもあるし、税務署が勘違いしている場合だってあるからね。

なるほど。

しっかり勉強して変に怖気ついたりせず、お客さんに不利のないように対応しないとね。

修正申告に対応する本税の納期限は修正申告書を提出した日

あとは修正申告書、期限後申告書を提出し、追加して納付することとなった本税を納付する。追加で納付する本税の納付期限は、修正申告書を提出した日になる。

そうか、納税の期限も一緒になるんだ。

もし遅れた場合は新たな延滞税が発生するから要注意。その後、税務署より加算税と延滞税の通知も送付されるから、受取り後速やかに納付する。

資金繰りが厳しくてすぐに納税できない場合はどうなるんですか？

一括納付が困難である場合には税務署に分割納付等の相談をしてみるといいと思う。納税のために会社が倒産してしまうようでは元も子もないから、税務署としても相談に乗ってくれるはず。

税務署もけっこう柔軟なんだ。

このとき、経理担当者じゃなくて社長が直接税務署に行って納税資金に窮していることを説明するのがポイント。社長本人が行かないと切迫感が伝わらないからね。

11月

11 月は準備の月になります。

税理士事務所としては年末調整、確定申告や贈与申告の必要な

お客様のリストアップや資料取り揃えの依頼の作業を始めますし、

10 月に確定申告用の控除証明書が送付されてきますので、

それらの回収が始まります。

また、この時期に税制改正内容などを再度復習し、

去年と処理方法が変わる項目のチェックをしておきたいところです。

1　年末調整は確定申告のミニチュア版

年末調整と確定申告

年末調整ができれば確定申告も怖くないよ。年末調整は確定申告のミニチュア版だから。年末調整でだいたいの所得控除の項目はカバーできる。

年末調整 ……　社会保険料控除、小規模企業共済等掛金控除、生命保険料控除、地震保険料控除、寡婦、寡夫控除、勤労学生控除、障害者控除、配偶者控除、配偶者特別控除、扶養控除、基礎控除、所得金額調整控除

確定申告 ……　年末調整の控除項目に加えて雑損控除、医療費控除、寄附金控除

年末調整で収集する書類

年末調整では、従業員に書いてもらう申告書が一応4種類あるけど、4種類全部出すわけではなくて、受けたい控除が書いてある書類だけを出すよ。もし複数の会社から給料をもらっているなら、メインで働いている会社に提出する。

① **扶養控除等（異動）申告書**……扶養、障害者、寡婦、寡夫、勤労学生
② **基礎控除申告書兼配偶者控除等申告書兼所得金額調整控除申告書**
　　……基礎、配偶者、配偶者特別、所得金額調整
③ **保険料控除申告書**……生命保険料、地震保険料、社会保険料、
　　　　　　　　　　　　小規模企業共済等掛金
④ **（特定増改築等）住宅借入金等特別控除申告書**……住宅ローン控除

②の申告書はやたら名前が長いですね。

154

そうなんだよね。今まで『給与所得者の配偶者控除等申告書』だったのが、平成30年度税制改正で『給与所得者の基礎控除申告書兼給与所得者の配偶者控除等申告書兼所得金額調整控除申告書』になった。

① 扶養控除等（異動）申告書

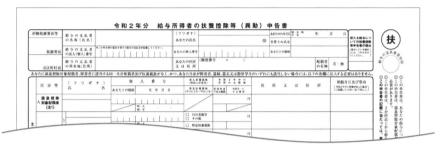

② 基礎控除申告書兼配偶者控除等申告書兼所得金額調整控除申告書

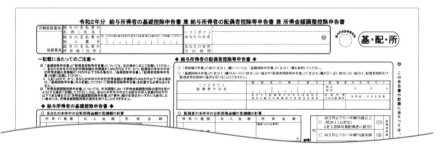

③ 保険料控除申告書

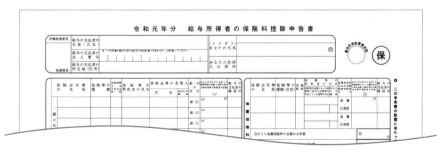

住宅借入金等特別控除申告書は、マイホームを買った人が、住宅ローン控除を受けるために買った年分の確定申告をすると税務署から郵送されてくる。

じゃあ、購入初年度は、確定申告が必要なんですか？

そう。2年目からは年末調整で受けられるよ。

④（特定増改築等）住宅借入金等特別控除申告書

> この欄は『控除申告書』の提出を受けた給与の支払者が記載します。

令和1年分　給与所得者の（特定増改築等）住宅借入金等特別控除申告書　給与の支払者受付印

（この申告書は、年間所得の見積額が3,000万円を超える方は提出できません。）

年末調整の際に、次のとおり（特定増改築等）住宅借入金等特別控除を受けたいので、申告します。

		給与の支払者の名称（氏名）	○○株式会社			（フリガナ）あなたの氏名	コク ゼイ タロウ 国税太郎
	○○ 税務署長	給与の支払者の法人番号	○○区○○×-×-×			あなたの住所又は居所	○○市△△町×-××-×
		給与の支払者の所在地（住所）					

この申告書及び証明書は、令和1年分の年末調整を受ける時までに給与の支払者に提出してください。

		新築又は購入に係る借入金等の計算				増改築等に係る借入金等の計算		
項目		④ 住宅のみ	⑧ 土地等のみ	⑥住宅及び土地等	項目	金額等		
（特定増改築等）住宅借入金等特別控除額の計算	新築又は購入に係る借入金等の年末残高			19,750,000	増改築等に係る借入金等の年末残高			
	家屋又は土地等の取得対価の額	10,000,000	12,500,000	22,500,000	増改築等の費用の額			
	家屋の総床面積又は土地等の総面積のうち居住用部分の床面積又は面積の占める割合	70.00 ㎡／70.00 ㎡×100	80.00 ㎡／80.00 ㎡×100	100	増改築等の費用の額のうち居住用部分の費用の額の占める割合			
	取得対価の額に係る借入金等の年末残高（①と②の少ない方）			19,750,000	増改築等の費用の額に係る借入金等の年末残高（⑦と⑧の少ない方）			
	居住用部分の家屋又は土地等に係る借入金等の年末残高（④×③）			19,750,000	居住用部分の増改築等に係る借入金等の年末残高（⑩×⑨）			
	（特定増改築等）住宅借入金等特別控除の対象となる借入金等の年末残高（⑤＋⑪）	19,750,000 （最高 4,000 万円）	年間所得の見積額	8,800,000	連帯債務による住宅借入金等の年末残高	39,500,000		
	特定増改築等の費用の額（備考（注2）参照）							
	特定増改築等借入金等の年末残高（⑪と⑫のいずれか少ない方）							
	（特定増改築等）住宅借入金等特別控除額（⑬×1％）	197,500 （100円未満の端数切捨て）						

備考　私は連帯債務者として、右上の住宅借入金等の残高39,500,000円のうち、19,750,000円を負担することとしています。
○○市△△町×-××-× 国税春子㊞
勤務先
○○区○○×-××-× ○○株式会社

ダブルワークでメインの勤め先ではないから、これらの申告書を出さない人でも源泉徴収票を渡さなきゃいけないし、1月に地方自治体に給与支払報告書を提出するから、住所、氏名、性別、生年月日、マイナンバーを聞くのを忘れないようにしないとね。

2 生計が一とは

同じ家で暮らしていなくても生計が一

年末調整でよく出てくる大切な言葉があるんだけど、『生計が一』というんだ。イメージつくかな?

セイケイガイツ?

生計が一。扶養に入れるかどうかは生計が一であるかどうかが要件のひとつなんだ。例えば、息子が地方の大学で一人暮らしをして、親から仕送りを受けている場合はどうかな?

別に暮らしているから生計が一とはいわないのでは?

仕送りを受けている場合は生計が一なんだ。生活する上でお財布が一緒、っていうとわかりやすいかな。必ずしも同じ家で暮らしていることを要件としていないんだよ。

そうなんですね。

父親が単身赴任している場合も父親のサラリーで生活していれば生計が一?

そうだね。あとは、自分の親に仕送りをしている場合とか。こんなときは生計が一とみなされる。

同じ家で暮らしているのに「生計が一」とならないことも

同じ家で生活していても明らかにお互いに独立した生活を営んでいると認められる場合、生計が一とはならないよ。

あるんですか、そんなこと。

二世帯住宅で、内部で行き来は可能でも、電気メーターから何から全部きっちり分けていて、食事も買い物も別というように、生活費が混ざることがないならあり得るよ。

お客様の家の中がどうなっているか、どうやって確認するんですか？

電気料金や水道料金などが別に請求が来ているかを確認するのと、ヒアリングしかないよね。あと、ちょっと通達の表現をみてほしいんだけど。

親族が同一の家屋に起居している場合には、明らかに互いに独立した生活を営んでいると認められる場合を除き、これらの親族は生計を一にするものとする（下線部筆者、所得税基本通達 2-47）

こうなっているから、通常は同じ家で寝起きしていれば生計を一にしていると考えていいんだけどね。

よかった。

でも、自分の常識や感覚と税法がズレていることもあるから、言葉の定義には気をつけて欲しい。自分の中にあるものとズレを感じたときに、立ち止まって調べることが大切だよ。

158

3 扶養控除と配偶者控除

「扶養に入れる」とは

さっきは流してしまったけど、
『扶養』に入れる人の定義ってわかるかな？

えーと、働いていない人ですか？

働いていても扶養に入ることはできるんだよ。

【扶養に入ることのできる要件】

① 配偶者以外の親族（6親等内の血族及び3親等内の姻族をいいます。）又は都道府県知事から養育を委託された児童（いわゆる里子）や市町村長から養護を委託された老人であること。
② 納税者と生計を一にしていること。
③ 年間の合計所得金額が **48万円以下** であること。
（給与のみの場合は給与収入が **103万円以下**）
④ 青色申告者の事業専従者としてその年を通じて一度も給与の支払を受けていないこと又は白色申告者の事業専従者でないこと。

令和元年までは合計所得金額が38万円以下だったんだけど、平成30年度税制改正で令和2年分から48万円以下になったんだ。

変わったんですね。

そうなんだ。その年の12月31日の現況でこの4つ全部に当てはまる人が扶養に入ることができる。扶養に入れていた人が亡くなってしまったら、亡くなった時の現況で判断する（所得税法第85条第3項ただし書）。

年の途中で亡くなってしまって、12月31日にこの世にいなくても扶養に入れられるということですか？

 そう。あと大事なことは、扶養親族と納税者との関係や扶養親族の年齢で控除額が変わることかな。控除対象扶養親族といって、扶養控除の対象となるのは12月31日で16歳以上の人。

 16歳未満の子どもは扶養に入れないんですか？

 正しくは**扶養控除を受けられない**、だね。子ども手当が支給されているから、扶養控除はなくなったんだ。**扶養に入るための要件は満たしているけれど、扶養控除からは外れている。**

 令和2年から扶養親族に該当するかどうかは合計所得金額が48万円で判定する、と変わったけれど、所得控除金額は変わっていないから注意してね。

【扶養控除対象者がいる納税者の所得控除金額】

区分		控除額
一般の控除対象扶養親族※1		38万円
特定扶養親族※2		63万円
老人扶養親族※3	同居老親等以外の者	48万円
	同居老親等※4	58万円

※1　「控除対象扶養親族」とは、扶養親族のうち、その年12月31日現在の年齢が16歳以上の人をいいます。

※2　特定扶養親族とは、控除対象扶養親族のうち、その年12月31日現在の年齢が19歳以上23歳未満の人をいいます。

※3　老人扶養親族とは、控除対象扶養親族のうち、その年12月31日現在の年齢が70歳以上の人をいいます。

※4　同居老親等とは、老人扶養親族のうち、納税者又はその配偶者の直系の尊属（父母・祖父母など）で、納税者又はその配偶者と普段同居している人をいいます。

※5　同居老親等の「同居」については、病気の治療のため入院していることにより納税者等と別居している場合は、その期間が結果として1年以上といった長期にわたるような場合であっても、同居に該当するものとして取り扱って差し支えありません。ただし、老人ホーム等へ入所している場合には、その老人ホームが居所となり、同居しているとはいえません。

配偶者控除とは

あと、扶養控除に配偶者は入らないのもポイント。

確かに『配偶者以外の親族』ってある。

配偶者には配偶者控除があるよ。これも改正があって平成30年から大きく変わったんだ。納税者本人の所得制限が加わった。

【配偶者控除の要件と控除額】

①　控除を受ける納税者本人のその年における合計所得金額が1,000万円以下であること。
②　配偶者が、次の4つの要件すべてに当てはまること。
　イ　民法の規定による配偶者であること（内縁関係の人は該当しません。）。
　ロ　納税者と生計を一にしていること。
　ハ　年間の合計所得金額が48万円以下であること。
　　（給与のみの場合は給与収入が103万円以下）
　ニ　青色申告者の事業専従者としてその年を通じて一度も給与の支払を受けていないこと又は白色申告者の事業専従者でないこと。

控除を受ける納税者本人の合計所得金額	控除額	
	一般の控除対象配偶者	老人控除対象配偶者※
900万円以下	38万円	48万円
900万円超950万円以下	26万円	32万円
950万円超1,000万円以下	13万円	16万円

※　老人控除対象配偶者とは、控除対象配偶者のうち、その年12月31日現在の年齢が70歳以上の人をいいます。

　なお、配偶者が障害者の場合には、配偶者控除の他に障害者控除27万円（特別障害者の場合は40万円、同居特別障害者の場合は75万円）が控除できます。

配偶者控除は、入籍していることが大前提。配偶者控除は納税者本人の所得によって受けられる所得控除の額が変わってくる。旦那さんの給料が高いと奥さんの配偶者控除額が小さくなる。

へえ、高所得者に厳しいんだ。

国も余裕がないからね。旦那さん、もしかしたら奥さんかもしれないけど、納税者本人の合計所得金額が1,000万円、給与年収に直すと1,195万円を超えると配偶者控除は0になってしまう。

1,195万円も年収があれば、配偶者控除がなくても平気かな（笑）。

4 配偶者特別控除

配偶者特別控除の要件

配偶者控除と配偶者特別控除の要件はよく似ているよ。
この2つは昔ダブル適用が可能だったけれど、今はどちらかし
か適用できない。

あと、納税者が配偶者特別控除を適用した場合に、配偶者に
とっても納税者が配偶者特別控除の適用ができる状態だった
としても、ふたりともは適用できない。どちらかひとりだよ。

【配偶者特別控除の要件】

① 控除を受ける納税者本人のその年における合計所得金額が 1,000 万円
以下であること。
② 配偶者が、次の4つの要件すべてに当てはまること。
　イ　民法の規定による配偶者であること（内縁関係の人は該当しません。）。
　ロ　納税者と生計を一にしていること。
　ハ　青色申告者の事業専従者としてその年を通じて一度も給与の支払を
　　　受けていないこと又は白色申告者の事業専従者でないこと。
　ニ　年間の合計所得金額が **48 万円超 133 万円以下**であること。
③ 配偶者が配偶者特別控除を適用していないこと。

違いは……納税者本人の所得と、配偶者控除の『年間の合計所
得金額が 48 万円以下』という要件が、配偶者特別控除だと『**48
万円超 133 万円以下**』になっているくらいかしら。

そうだね。合計所得金額 48 万円と 133 万円は年収に引き直す
と 103 万円、201 万 4,000 円になるよ。

配偶者特別控除と配偶者控除の違い

あと、違うところは、
配偶者の所得に応じて所得控除額が変わるところ。

【配偶者特別控除の控除額】

		控除を受ける納税者本人の合計所得金額		
		900万円以下	900万円超 950万円以下	950万円超 1,000万円以下
配偶者の合計所得金額	48万円超　95万円以下	38万円	26万円	13万円
	95万円超　100万円以下	36万円	24万円	12万円
	100万円超　105万円以下	31万円	21万円	11万円
	105万円超　110万円以下	26万円	18万円	9万円
	110万円超　115万円以下	21万円	14万円	7万円
	115万円超　120万円以下	16万円	11万円	6万円
	120万円超　125万円以下	11万円	8万円	4万円
	125万円超　130万円以下	6万円	4万円	2万円
	130万円超　133万円以下	3万円	2万円	1万円

これは平成29年度税制改正で変わったんだ。
女性にもっと働いてもらうためなんだけどね。

金額が減ってしまうとはいえ、配偶者の年収が201万4,000円
まで控除を受けられるのはいいですよね。

でも、これで女性がたくさん働くかというとそうでもなかった。
よく年末にパートさんが仕事を入れたがらなくなって困ってい
る会社があるけれど、あれは税金じゃなくて社会保険の扶養を
意識した就業調整なんだ。

小さい会社では、社会保険で扶養に入るには年収が130万円未満の必要があって、僕はそれから外れていたから自分で健康保険料を納めてた。けっこう負担でさ。

そうだったのね。

人口が減っている日本は働き手が足りないから、女性にもっと働いてほしい。控除額を増やせば女性がもっと働く時間を増やすのではないかと考えてこんな税制になったけど、実は社会保険の扶養を意識している人の方が多いんだよ。

社会保険の負担ってそんなに大きいんですか？

そう。社会保険料は給料の約14％も取られるから、発生したら大変。いくら税制面で優遇されても、もっと働こうとは考えないよね。

なるほど……。

5　合計所得金額と総所得金額等

所得金額のいろいろ

扶養に入れるかどうかの要件に『合計所得金額』があるでしょ？これを年収に直してサラッと済ませてきたけれど、合計所得金額はとても大切な言葉だから説明しておくね。あとは『総所得金額等』。

 似てますね。

似てるけど違うんだ。例えば、寡婦控除では**子の総所得金額等が48万円以下という要件**がある。扶養控除で扶養に入ることのできる要件では**合計所得金額が48万円以下**。使う所得が違うんだ。

 え。

医療費控除なんかだと、みんな医療費が10万円を超えたら医療費控除を受けられると覚えているけれど、実は所得が低い人は10万円を超えなくても受けられてね。

 10万円を超えないとダメと思ってました！

このことを知らない人はけっこう多いね。じゃあ、いくら超えれば医療費控除を受けられるかを計算するときに使うのは**総所得金額等**。総所得金額等が200万円未満の人は、総所得金額等の5％を超えて負担した医療費の額が医療費控除の対象となる。

 合計所得金額と総所得金額等ってどんな違いがあるんですか？

図を見た方がわかりやすいかな？
久喜市のホームページにのっていたものなんだけど。

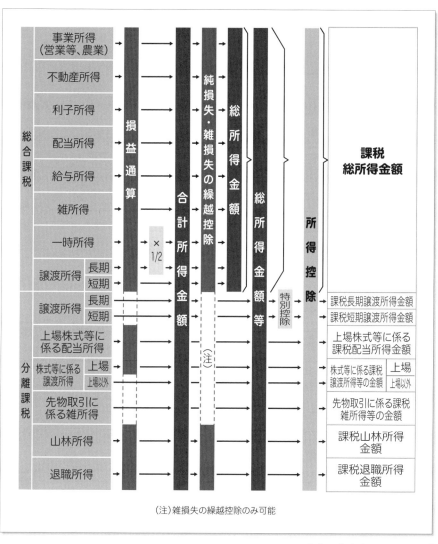

（注）雑損失の繰越控除のみ可能

出典：久喜市ホームページ

繰越控除とは

繰越控除を受ける前の金額が合計所得金額、繰越控除を受けた後の所得が総所得金額等。

繰越控除って？

例えば**純損失の繰越控除**。事業が赤字になった場合、青色申告者なら翌年以降の黒字から3年間控除できる。

1年目の利益が△300万円で、2年目が＋400万円だった場合、2年目は100万円に対する税金だけ払えばいい。

法人税だと9年とか10年、のヤツですね。

法人税だとそんなに長いの？

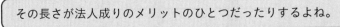

その長さが法人成りのメリットのひとつだったりするよね。

はい。

合計所得金額と総所得金額等

所得税では10種類も所得があって、それぞれ所得を計算する。

図の一番左ですね。

所得のうち不動産所得、事業所得、山林所得、譲渡所得の損失、フジサンジョウ、なんていって覚えるんだけど、これらの所得の損失は他の黒字の所得から差し引くことができて、これを損益通算というよ。

赤字と黒字の相殺を損益通算っていうんですね。

そう。**損益通算したあと所得を合計したものが合計所得金額。**ざっくりいうと今年の利益。この**合計所得金額から去年の赤字を差し引くことが純損失の繰越控除。**

『損失』じゃなくて『純』がつくんですか？

損益通算をしたあとの損失ということで『純』がついているよ。純損失の繰越控除をしたあとが総所得金額等。今年の利益から去年の赤字を引いた残りだね。

知らない言葉がいっぱいです。

そうだよね、今は深入りしなくていい。とりあえずざっくり、その人の今年の利益である合計所得金額から繰越控除を受けたあとの数字が総所得金額等と考えて。実はたいていの人は同じ金額になるんだ。

そうなんですか？

去年からの繰越控除がない人は同じになるでしょ？

あ、そうですね。

納税額が0でも扶養に入れないことがあるワケ

合計所得金額に純損失の繰越控除を適用すると？

えっと、総所得金額等です。

そのあと所得控除を引いて課税される所得金額が算出されるから、合計所得金額は所得控除の影響を受けていないよね。所得控除がたくさんあって納税額が0だから扶養に入れる、というのはよくある勘違いなんだ。

確かに図でも、合計所得金額は所得控除を引く前の金額になってる。

扶養控除の対象かどうかは純損失の繰越控除も所得控除も考えないのね。

合計所得金額、つまり今年の利益だけで考えるんだ。

6 寡婦控除

寡婦控除と寡夫控除

聞いたことのない言葉かもしれないけれど、寡婦（かふ）控除。寡婦は、配偶者と死別などして独り身の女性のことなんだ。

 男性はないんですか？

『ふ』が夫の寡夫控除もあるよ。

【寡婦控除】

　寡婦控除が受けられるのは、納税者本人が、原則としてその年の12月31日の現況で、次のいずれかに当てはまる人です。

①　夫と死別し、若しくは夫と離婚した後婚姻をしていない人、又は夫の生死が明らかでない一定の人で、扶養親族がいる人又は生計を一にする子がいる人です。この場合の子は、**総所得金額等が48万円以下**で、他の人の同一生計配偶者や扶養親族となっていない人に限られます（令和2年度税制改正で「合計所得金額が500万円以下の人」という制限がつく予定です）。

②　夫と死別した後婚姻をしていない人又は夫の生死が明らかでない一定の人で、合計所得金額が500万円以下の人です。この場合は、扶養親族などの要件はありません。

【寡夫控除】

　寡夫控除が受けられるのは、納税者本人が、原則としてその年の 12 月 31 日の現況で、次の**3 つの要件のすべてに当てはまる人**です。

① 　合計所得金額が 500 万円以下であること。

② 　妻と死別し、若しくは妻と離婚した後婚姻をしていないこと又は妻の生死が明らかでない一定の人であること。

③ 　生計を一にする子がいること。

　　この場合の子は、**総所得金額等が 48 万円以下**で、他の人の同一生計配偶者や扶養親族になっていない人に限られます。

今まで、寡婦控除を受けるには扶養親族や要件を満たす子がいる場合、所得制限はなかったけれど、令和 2 年度の税制改正で合計所得金額が 500 万円以下という制限がつくことになった。

そうすると、寡婦控除の①の子のパターンと寡夫控除は同じですね。でも、寡夫控除は子どもがいないと控除が受けられないんですね。

男性に厳しいな。女性は死別なら扶養親族がいなくても控除が受けられるのに……。

所得税法施行令第 11 条を見てみようか。

【所得税法施行令】

第11条　法第2条第1項第30号イ又はロ（寡婦の意義）に規定する夫の生死の明らかでない者で政令で定めるものは、次に掲げる者の妻とする。

一　太平洋戦争の終結の当時もとの陸海軍に属していた者で、まだ国内に帰らないもの

二　前号に掲げる者以外の者で、太平洋戦争の終結の当時国外にあつてまだ国内に帰らず、かつ、その帰らないことについて同号に掲げる者と同様の事情があると認められるもの

わ、太平洋戦争だって。

スタートが戦争未亡人を救うための制度だったんだ。
寡夫控除の創設は昭和56年度の税制改正で決まったんだよ。

寡夫控除は寡婦控除と一緒に創設されたわけじゃなかったのか。

令和2年度税制改正で変わる点

令和2年度税制改正で、寡婦にも合計所得金額が500万円以下という所得制限ができたんだけど、この所得以下なら未婚のひとり親にも適用されることになるよ。

婚姻歴がないと控除が受けられないのは不公平ですものね。

住民票で事実婚であることが明記されている場合は受けられないけどね。

未婚で子ありの男女、子ありの寡婦・寡夫の控除額は35万円。

ともかくひとり親で子がいれば 35 万円控除ですね。

そうだね。子以外の扶養親族がいる場合や、扶養親族がいない死別の寡婦は **27 万円**。この 27 万円控除のケースは寡夫控除は前と同様に認められていないよ。

寡婦控除のスタートは戦争未亡人のためだけど、今回の改正は子どもの貧困対策なんだ。そのうち控除の名前も変わるかもしれないね。

7　障害者控除

障害者控除は、納税者自身、同一生計配偶者、又は扶養親族が所得税法上の障害者に当てはまる場合に、一定の金額の所得控除を受けられるものだよ。

 同一生計配偶者とは？

同一生計配偶者とは、納税者の配偶者でその納税者と生計を一にするもののうち、**合計所得金額が 48 万円以下である者**で、青色事業専従者ではない人。

 配偶者控除の適用のある人と同じですか？

そうだね。注意したいのは、配偶者控除は納税者本人の所得制限で適用がない場合もあるけど、障害者控除は納税者本人の所得制限はないよ。

【障害者控除の対象となる人】

① 精神上の障害により事理を弁識する能力を欠く常況にある人
　　この人は、特別障害者になります。
② 児童相談所、知的障害者更生相談所、精神保健福祉センター、精神保健指定医の判定により、知的障害者と判定された人
　　このうち重度の知的障害者と判定された人は、特別障害者になります。
③ 精神保健及び精神障害者福祉に関する法律の規定により精神障害者保健福祉手帳の交付を受けている人
　　このうち障害等級が 1 級と記載されている人は、特別障害者になります。
④ 身体障害者福祉法の規定により交付を受けた身体障害者手帳に、身体上の障害がある人として記載されている人
　　このうち障害の程度が 1 級又は 2 級と記載されている人は、特別障害者になります。

⑤　精神又は身体に障害のある年齢が満 65 歳以上の人で、その障害の程度
　　が①、②又は④に掲げる人に準ずるものとして市町村長等や福祉事務所長
　　の認定を受けている人
　　　このうち特別障害者に準ずるものとして市町村長等や福祉事務所長の認
　　定を受けている人は特別障害者になります。
⑥　戦傷病者特別援護法の規定により戦傷病者手帳の交付を受けている人
　　　このうち障害の程度が恩給法に定める特別項症から第 3 項症までの人
　　は、特別障害者となります。
⑦　原子爆弾被爆者に対する援護に関する法律の規定により厚生労働大臣の
　　認定を受けている人
　　　この人は、特別障害者となります。
⑧　その年の 12 月 31 日の現況で引き続き 6 ヶ月以上にわたって身体の障害
　　により寝たきりの状態で、複雑な介護を必要とする（介護を受けなければ自
　　ら排便等をすることができない程度の状態にあると認められる）人
　　　この人は、特別障害者となります。

障害の種類や手帳の級で障害者、特別障害者に分かれて控除額
が変わってくるよ。**身体障害の場合は 1 級と 2 級が特別障害者、
精神障害の場合は 1 級のみ。**

身体障害の場合は 1 級も 2 級も特別障害者なんですね。
特別って 1 級だけのような感じがしちゃう。

年末調整や確定申告のときに申告書への添付義務はないんだけ
ど、間違いを防ぐためにも、障害者手帳をコピーさせてもらい
たいところだね。

【障害者控除の控除額】

区分	控除額
障害者	27万円
特別障害者	40万円
同居特別障害者※	75万円

※　同居特別障害者とは、特別障害者である同一生計配偶者又は扶養親族で、納税者自身、配偶者、生計を一にする親族のいずれかとの同居を常としている方です。

8 生命保険料控除

生命保険料控除

これはそんなに判断に迷うことはなくて、計算はシステムが
やってくれるし、生命保険会社から送ってくる生命保険料控除
証明書の見方さえ間違えなければ問題ない。

旧契約と新契約、個人年金と介護医療、一般があって、
僕にとってはややこしくて。

最初のポイントはそこだね。保険会社によって旧契約か新契約
か、個人か介護医療か一般か、書いてある場所がまちまちだか
らね。慣れもあるけど、マーカーで色をつけるとか、工夫して
やってみてごらん。

計算対象となる支払保険料の額

← 切り離すと無効になるため切り離さずに申告してください。(旧制度)
　　課税所得控除共済掛金払込証明書（一般用）
　　一般生命保険料控除にかかる所得控除申告のための証明事項を、
　　下記のとおり証明します。
　　ご契約者　○○　○○　様

県	組合	支所	契約番号	契約年月日	共済種類
△△	△△△	△△△	1234	平成19年10月11日	がん

掛金払込方法	共済期間
年 払	終身

旧一般 生命	共済掛金	割戻金	差引掛金
	111,564円	20円	111,544円

　　　　　　　　　　　　　　　　　組合

○○○○組合
┌証明料についてのご注意┐
[保険料控除の該当区分について]
「新一般生命」の網かけ部分は新一般生命保険料として「旧一般生命」の網か
け部分は旧一般生命保険料として一般生命保険料控除の適用が受けられます。

[払込証明金額について]
「差引掛金」は本年分の「共済掛金」から「割戻金」を差し引いた金額です。
この金額をもとに申告してください。

申告の際には、申告書に当該証明書を添付する必要がありますので、大切に保管してください。

気をつけたいのは、
生活協同組合とかの
共済契約に多いんだ
けど、剰余金や割戻
金がある場合。その
場合は、支払った保
険料から剰余金や割
戻金を差し引いた額
が計算対象の保険料
となる。

実質的に負担した保険料が計算対象の保険料なんですね。

そう。それと、年末まで支払った場合の保険料の額が記載されていたら、その額を計算対象の保険料とするんだ。

平成 31 年分　保険料払込証明書　（新 生命保険料控除制度）

契約者
○　○　　　　○　○　　　　　　　　　　様

保険証券記号番号	XX XX XXXXXXX	契約日	平成 24 年 12 月 20 日
保険種類	養老保険		
払込方法	月　払	契約者配当種別	自由引出配当
年金受取人		保険料払込期間	
年金受取人生年月日	年金支払開始日	保険期間または年金支払期間 10 年	

一般生命保険料 (A) 99,437 円	配当金（相当額）(B) 30 円	一般証明額(A)−(B) 99,407 円
介護医療保険料 (C) 4,642 円	配当金（相当額）(D) ***円	介護医療証明額(C)−(D) 4,642 円
個人年金保険料 (E) ***円	配当金（相当額）(F) ***円	個人年金証明額(E)−(F) ***円

令和元年 9 月末現在の保険料の払込状況を上記のとおり証明いたします。
証明日　令和元年 10 月　1 日

株式会社●●生命保険　[保●株険●式之生会印命社]

12 月末時点の払込保険料総額（払込中契約については予定額）は次のとおりです。

年間一般生命保険料(イ) 10,030 円	配当金（相当額）(ロ) 30 円	一般申告額(イ)−(ロ) 10,000 円
年間介護医療保険料(ハ) 5,000 円	配当金（相当額）(ニ) ***円	介護医療申告額(ハ)−(ニ) 5,000 円
年間個人年金保険料(ホ) ***円	配当金（相当額）(ヘ) ***円	個人年金申告額(ホ)−(ヘ) ***円

こちらの
金額を使用する

本当だ、ハガキを発行するときまでに支払済みの額と、年末まで支払った場合の予定額が書いてある。

こういう場合は予定額を使ってOKだよ。

変額個人年金に注意

注意してほしいのが変額個人年金保険契約。これを個人年金としての控除を受けられると勘違いする人が多いけど、これは一般の生命保険料控除となるんだ。

 個人年金保険なのに受けられる控除は一般なんですか？

そうなんだよ。個人年金保険料控除対象の契約は、個人年金保険料税制適格特約がついているけど、変額個人年金保険にはこの特約はつけられない。

 どうしてですか？

変額個人年金保険は運用成績によって受け取れる額が変わってくる。長期貯蓄の奨励を税制面からバックアップしようというのが個人年金保険料控除の趣旨だから、運用実績により年金額が変動する商品に対して保険料控除は認めたくないんだよ。

生命保険料控除が生まれたワケ

 なんで生命保険料を払っていると税金が安くなるんだろう？

日本は戦後、社会保障制度が十分とはいい切れなかったから、相互扶助による生活安定の効果を持つ生命保険を優遇したんだよ。

 そういえば、『ひとりはみんなのために、みんなはひとりのために』、ってどこかの生命保険会社のフレーズであった気がする。

処理の時短テクニック

資産家だと、とんでもない数の保険に入っている場合もある。そんなときは一般、介護医療、個人にわけて、一般と個人の旧契約を探して、この 2 つで支払保険料の額が 10 万円超のものを探す。

 旧契約 10 万円超、一般と個人、ありました。

それから介護保険で支払保険料の額が 8 万円以上のものを探して、あったらそれでおしまい。他の控除証明はもういらない。

新契約よりも旧契約の方が控除額が大きいでしょ？　だから旧契約の上限を超えている契約を探すんだ。上限を超えたらあとはいらないでしょ。介護保険には旧契約はないから別だけど。

 確かに。

181

地震保険料控除といいながら損害保険でも控除可

> 地震保険料控除は、平成18年まで損害保険料控除だったんだ。地震保険料控除となった後も、一定の損害保険料も控除を受けられることになったから、地震保険料控除といいながらも一部の損害保険も控除を受けることができる。

区分	年間の支払保険料の合計	控除額
(1)地震保険料	50,000円以下	支払金額の全額
	50,000円超	一律50,000円
(2)旧長期損害保険料	10,000円以下	支払金額の全額
	10,000円超 20,000円以下	支払金額 × 1/2 + 5,000円
	20,000円超	15,000円
(1)、(2)両方がある場合	―	(1)、(2)それぞれの方法で計算した金額の合計額（最高50,000円）

ひとつの契約で地震と損害がある場合、どちらかでしか控除が受けられない

> ＪＡ共済なんかだと、ひとつの契約で地震保険料と旧長期損害保険料の両方を払っている場合があるんだけど、その場合は地震か損害か、どちらかでしか受けられない。

> どちらかだけ、というとどっちが有利か判定する必要がありますね。

> そう。地震保険料が15,000円より多ければ地震保険料で控除を受けるのが有利。なんでかわかる？

えっ……。

旧長期の上限控除額は 15,000 円だけど、地震保険料控除は 5 万円まで支払った額全額が控除になるじゃない？　だったら、15,000 円超の地震保険なら迷うことなく。

地震保険で控除。なるほど。

次のような契約だとどうなるかな？

◆切り離すと無効になるため切り離さずに申告してください。

地震保険料控除対象掛金証明書

地震保険料控除（所得税法第77条）にかかる所得控除申告のための証明事項を、下記のとおり証明します。

ご契約者　○○　○○　様

県　組合　支所	契約番号	契約年月日	共済種類
△△　△△△△　△△△	1234	平成12年　9月26日	建物更生

掛金払込方法	共済期間
年　払	30年

火災共済金額	内、住宅部分の火災共済金額
1,000万円	（　　　　　万円）

地震保険料	控除対象掛金	割戻金	控除対象掛金証明額
	9,677円	－円	9,677円

旧長期損害	共済掛金	割戻金	差引掛金
	62,310円	7,735円	54,575円

満期返戻金あり

家財家具一式

○○○○組合

組合 ○○○○

──証明金額についてのご注意──

[保険料控除の該当区分について]

この契約の共済金は、地震保険料控除または地震保険料控除の経過措置のいずれかを適用できます。税法にもとづき、計算した控除額のいずれか多い方をご選択ください。

[保険料控除の対象証明額について]

「控除対象掛金証明額」（地震保険料控除）、「差引掛金」（経過措置）をもとに申告してください。共済掛金の増減を伴うような変更があった場合には、その年から経過措置の適用が受けられなくなります。

地震保険料は 15,000 円以下で、旧長期損害保険料が 54,575 円。旧長期は 20,000 円を超えると 15,000 円が控除額だから、この契約だと旧長期で控除を受けたほうが有利ですね。

そのとおり。

竹橋くん、飲み込みが早い！
私、ついていけなかった。

10 社会保険料控除

社会保険料控除、これはあまり迷うところもないかな。

納税者が社会保険料を支払ったら
所得控除が受けられるんですよね。

生計を一にする配偶者やその他の親族の負担すべき社会保険料
を支払った場合も、その支払った金額について所得控除を受け
ることができるよ。

【社会保険料控除の主な例】

・健康保険、国民年金、厚生年金保険及び船員保険の保険料で被保険者とし
　て負担するもの
・国民健康保険の保険料又は国民健康保険税
・高齢者の医療の確保に関する法律の規定による保険料
・介護保険法の規定による介護保険料
・雇用保険の被保険者として負担する労働保険料

生計を一にする配偶者や親族の社会保険料を支払った場合も控
除できるから、所得の高い人が家族の社会保険料を支払うと節
税になるよね。去年のものでも、来年のものでもかまわないん
だ。支払った年に控除を受けることができる。

生計を一にする、という要件なので、
たとえ配偶者に所得があっても支払った人が控除を受けられる？

そうそう。あと、『支払った』にポイントがあってね。妻の年
金から天引きされている社会保険料の控除は夫が受けられる。
○か×か？

ええと、支払ったのは妻と考えて×？

そう、そのとおり。あとは妻名義の預金口座から引き落とされた
社会保険料なんかも妻が払っているとして夫の控除にできない。

子どもが年の途中で会社勤めを始めた場合は？

支払った時点で生計を一にしている親族かどうかを判定するか
ら、子どもが会社勤めを始めるまで生計が一であったなら、そ
れまで負担した分控除を受けられるよ。

11　小規模企業共済等掛金控除

掛金は全額所得控除

小規模企業共済等掛金控除。これも社会保険料と同じでその年に支払った掛金の全額を控除できる。

ショウキボキギョウ……。

小規模企業共済。ちょっと長いよね。個人事業主は退職金がないから、国が個人事業主の退職金準備のために作った共済なんだ。掛金が全額所得控除になる。

『等』って？

小規模企業共済等掛金控除の『等』は確定拠出年金の掛金や心身障害者扶養共済制度の掛金のことだね。

小規模企業共済等は社会保険と同じような感じですか？

ほとんど同じだけど少し社会保険料控除と違うところがあって、これは生計を一にする配偶者やその他の親族の分を支払ったとしても控除対象外。自分の分しかダメなんだ。

【所得税法第74条　社会保険料控除】

　居住者が、各年において、自己又は自己と生計を一にする配偶者その他の親族の負担すべき社会保険料を支払つた場合又は給与から控除される場合には、その支払つた金額又はその控除される金額を、その居住者のその年分の総所得金額、退職所得金額又は山林所得金額から控除する。

【所得税法第 75 条　小規模企業共済等掛金控除】

　居住者が、各年において、小規模企業共済等掛金を支払つた場合には、その支払つた金額を、その者のその年分の総所得金額、退職所得金額又は山林所得金額から控除する。

74 条が社会保険料控除で 75 条が小規模企業共済等掛金控除。75 条には『自己と生計を一にする……』、という表現がないでしょ。

 ほんとですね。

だから、小規模企業共済等掛金控除は納税者本人の分しか控除はできないんだ。

退職金を準備しながら節税ができる

老後資金を金融機関に預金しておくくらいならこの小規模企業共済に加入したほうが良いと思うな。掛金が全額所得控除になるからね。

 じゃあ 100 万円掛金を納めたら 100 万円所得控除が受けられる？

いや、原則年間最高額で 84 万円までなんだ。

 84 万円でも大きいですよね。

そうだね。所得税率と住民税率あわせて 30% の人だったら、約 25 万円も税負担が軽くなるということだからね。お客さんの節税対策にも使えるよ。

誰でも加入できるわけではない

僕も入りたい！

竹橋くんは残念ながら難しいな。個人事業主や『共同経営者』
という立場じゃないと入れない。早く税理士試験に合格して、
パートナーにしてもらえば加入できるよ。

あれ？　もしうちの事務所が税理士法人だったら、僕は⑤に該
当するから加入できるんですか？

【小規模企業共済の加入資格】

① 建設業、製造業、運輸業、サービス業（宿泊業・娯楽業に限る）、不動産業、
農業などを営む場合は、常時使用する従業員の数が 20 人以下の個人事業
主または会社等の役員

② 商業（卸売業・小売業）、サービス業（宿泊業・娯楽業を除く）を営む場合は、
常時使用する従業員の数が 5 人以下の個人事業主または会社等の役員

③ 事業に従事する組合員の数が 20 人以下の企業組合の役員、常時使用す
る従業員の数が 20 人以下の協業組合の役員

④ 常時使用する従業員の数が 20 人以下であって、農業の経営を主として
行っている農事組合法人の役員

⑤ 常時使用する従業員の数が 5 人以下の弁護士法人、税理士法人等の士業
法人の社員

⑥ 上記①と②に該当する個人事業主が営む事業の経営に携わる共同経営者
（個人事業主 1 人につき 2 人まで）

いや、税理士法人の『社員』というのは、株式会社でいう役員
のことなんだ。税理士法人は社員を税理士に限定した商法上の
合名会社に準じた特別法人なんだ。

残念。

189

私たちでも『iDeCo』なら入れますよね？

そうだね。20歳から60歳未満の人なら加入できる。他にも加入資格があるから調べたほうがいいけど、たぶん2人は加入できるよ。

『iDeCo』って？

個人型確定拠出年金のことだよ。加入者が毎月積み立てて、60歳以降に年金や一時金で受け取るんだ。小規模企業共済と同じように所得控除が受けられる。

ふうん。調べてみよう。

12　所得金額調整控除

新設された所得金額調整控除

令和2年から給与所得控除額（給与所得者の概算経費）が、一律10万円引き下げられたんだ。

同時に、給与所得控除の上限額が適用される給与等の収入金額は850万円とされ、その給与所得控除の上限額が195万円に引き下げられた。

【給与所得控除額の比較】

平成29年分〜令和元年分

給与等の収入金額 （給与所得の源泉徴収票の支払金額）	給与所得控除額
1,800,000円以下	収入金額×40% 650,000円に満たない場合には650,000円
1,800,000円超　3,600,000円以下	収入金額×30%＋180,000円
3,600,000円超　6,600,000円以下	収入金額×20%＋540,000円
6,600,000円超10,000,000円以下	収入金額×10%＋1,200,000円
10,000,000円超	2,200,000円（上限）

令和2年分以降

給与等の収入金額 （給与所得の源泉徴収票の支払金額）	給与所得控除額
1,800,000円以下	収入金額×40% −100,000円 550,000円に満たない場合には550,000円
1,800,000円超　3,600,000円以下	収入金額×30%＋80,000円
3,600,000円超　6,600,000円以下	収入金額×20%＋440,000円
6,600,000円超　8,500,000円以下	収入金額×10%＋1,100,000円
8,500,000円超	1,950,000円（上限）

給与収入が 850 万円を超える人は増税ですね。

そうなんだ。いくらいいサラリーをもらっていても、扶養親族がいたりすると増税は痛い。それで**所得金額調整控除**が創設されたんだ。給与収入が 850 万円を超えて、次の要件のいずれかに該当する人に適用があるよ。

・自身が特別障害者に該当
・特別障害者である同一生計配偶者または扶養親族がいる
・23 歳未満の扶養親族がいる

所得金額調整控除として、（給与等の収入金額 － 850 万円）× 10％を所得から控除されるよ。

13 医療費控除

医療費控除は年末調整では出てこないけれど、控除項目だから
ついでにやってしまおう。

医療費控除はけっこうお客様から質問されますね。

そうだね。医療費控除は自己又は自己と生計を一にする配偶者
やその他の親族のために医療費を支払った場合、その支払額が
通常 10 万円を超えるときに所得控除を受けることができる。

【医療費控除の金額】

次の式で計算した金額（最高で 200 万円）
（実際に支払った医療費の合計額－（1）の金額）－（2）の金額

（1）保険金などで補てんされる金額

［例］　生命保険契約などで支給される入院費給付金や健康保険などで支給
　　　される高額療養費・家族療養費・出産育児一時金など

　　（注）保険金などで補てんされる金額は、その給付の目的となった医療費の
　　　　金額を限度として差し引きますので、引ききれない金額が生じた場合で
　　　　あっても他の医療費からは差し引きません。

（2）10 万円

　　（注）その年の総所得金額等が 200 万円未満の人は、総所得金額等の 5％ の
　　　　金額

通常 10 万円、といったのは（注）のところにあるように、総
所得金額等が 200 万円未満の人は総所得金額等の 5％ の金額を
超えた医療費の額が控除対象となるからだよ。

ここは総所得金額等なんですね。

そう、繰越控除適用後（P168 参照）。

セルフメディケーション税制

医療費控除は医療費が 10 万円を超えた分控除ができるという従来のものと、平成 29 年からセルフメディケーション税制という特例ができて、どちらかを選択して適用を受けることになっている。

セルフメディケーション税制、聞いたことないなあ。

納税者が健康の保持増進及び疾病の予防への取組みを行っている場合、特定一般用医薬品購入額が 1 万 2,000 円を超える部分の金額を控除できる。8 万 8,000 円が限度となっているよ。

11
月

13
医療費控除

特定一般用医薬品とは？

テレビ CM で流れているものはまず対象となっていると考えていいね。医薬品のパッケージにセルフメディケーション税制対象商品である下記の識別マークがついているよ。

病院に行く暇がなくて、市販薬で乗り切っているサラリーマンなんかにはいい税制ですね、金額も 1 万 2,000 円ならすぐに超えそうだし。

そうだね。ただ、セルフメディケーション税制は健康の保持増進及び疾病の予防への取組みをしている場合に適用できる税制で、納税者本人が健康診断や予防注射を受けて、受けたことを証明する書類を添付する必要があるんだ。

わざわざ健康診断を受けなくてはならないんですか？

通常、サラリーマンは会社で健康診断を受けさせられるから、その結果通知表を添付すればいいね。

生計が一の家族の分の医療費も控除対象ですけど、健康の保持増進に生計が一の家族も取り組んでいなくてはダメ？

いや、健康の保持増進に取り組むのは納税者本人だけでいいんだ。家族が取り組んでいる証明はいらないよ。

10万円を超えた場合の医療費控除とセルフメディケーション税制は選択適用だから、どちらが有利か判定する必要があるよ。

医療費の領収書は提出不要

平成29年分から医療費控除を受ける場合に、医療費の領収書を税務署に提出する必要はなくなった。その代わりに、医療費控除の明細書を添付する必要があるけど、健康保険組合等から送られてくる『医療費のお知らせ』を代わりに使うことができる。

でも、医療費のお知らせは10月あたりから記載がないです。

そうなんだよね。それ以降の分は病院からもらった領収書を取っておいて、医療費控除の明細書を作成する必要がある。不十分な資料の気もするけど、12か月分全部書くより楽だよ。

確かにそうですね。

医療費のお知らせは自費診療分が記載されないから、自費診療分も医療費控除の明細書に記載する必要があるよ。

歯医者さんで自費でインプラント治療をしたときなどは、領収書を取っておかないとですね。

そうだね。税務署に医療費の領収書の提出は不要となったけど、自宅で5年間の保存が求められていて、税務署から提示を求められたときは提示する必要があるから控除を受けた場合は捨てないように。

医療費控除の対象となる医療費は？

医療費控除の対象となる医療費は、病院での診察代、薬局での薬代、ドラッグストアで購入した市販の医薬品はもちろん、病院へ通うための電車やバス、タクシーなどの交通費も控除対象となる。自家用車のガソリン代や駐車場代はダメなんだけど。

交通費も入れてOKなんですね。

そう、だからメモしておくのが大切。あと、入りそうで入らないのがコンタクトレンズ代やビタミン剤の購入代金。国税庁のホームページに医療費控除の対象となる医療費が書いてあるから読んでおくといいね。

14 雑損控除

雑損控除とは何か

最近は災害によって被害を受けたというニュースをよく聞くようになったよね。地震もあれば竜巻とか、落雷、大雨。こういうような災害や盗難、横領などで資産に損害を受けた場合、雑損控除が受けられる。

じゃあ、商売をしていて商品を盗まれた場合、雑損控除が受けられるんですか？

いや、受けられる資産の中に棚卸資産は残念ながら入っていないんだ。

【雑損控除を受けられるもの】

棚卸資産若しくは事業用固定資産等又は生活に通常必要でない資産のいずれにも**該当しないもの**

生活に通常必要のない資産……？

貴金属、書画、骨董などの趣味の色が強いもの、なくても困らない資産という感じかな。そういうものの損害に雑損控除の適用はできない。

なるほど。

でもね、災害があったら、まずお客さんに被害がなかったかを確認して、被害が出ていたら保険会社に連絡するように促すこと。気が動転してどうしたらいいか考えられないこともある。味方がいるって気づけば心強いでしょ？

 そうですね。

【雑損控除の金額】

次の２つのうちいずれか多い方の金額
（１）（差引損失額）－（総所得金額等）× 10%
（２）（差引損失額のうち災害関連支出の金額）－５万円

通常、所得控除は引き切れなかったらそれで切捨てなんだけど、雑損控除は３年繰越控除が受けられる。

 雑損失の繰越控除（P167）はこれかあ。

 差引損失額ってなんですか？

損害金額に災害等に関連したやむを得ない支出の金額をプラスして、保険金などにより補てんされる金額を差し引いたものだよ。

差引損失額 ＝（損害金額）＋（災害等に関連したやむを得ない支出の金額）
　　　　　　 －（保険金などにより補てんされる金額）

損害金額……損害を受けた時の直前における資産の時価を基にして計算した損害の額

災害等に関連したやむを得ない支出の金額……災害関連支出＋原状回復費

『損害金額』は損害を受けた時の直前における資産の時価なんだけど、これは取得価額から減価償却費累積額相当額を控除した額でいい。

被害が大きくて個別に損失額を計算することが困難な場合には、『被災した住宅、家財等の損失額の計算書』により計算した金額を損失額とすることもできる。

『被災した住宅、家財等の損失額の計算書』……国税庁のホームページにあるんですね。

そう。それを使って計算すればいい。次の『災害等に関連したやむを得ない支出の金額』は災害関連支出と原状回復費。

災害関連支出？

災害を受けた住宅や家財の撤去代が災害関連支出。これに損害を受けた資産の原状回復、つまり修繕のための支出を足したものが『災害等に関連したやむを得ない支出の金額』。

ごちゃごちゃしていて難しいですね。

そうなんだよね。だから、まず（2）の式を先にマスターしてほしい。（2）を考えるなら、災害関連支出の金額がわかればいい。

？

住宅や家財を撤去するには業者に依頼するでしょ？　その金額が5万円を超えた金額が雑損控除の金額となる。**災害にあって、片づけを業者に依頼して、それが5万円を超えたら雑損控除対象**、と覚えておくといいよ。

なるほど。

災害減免法と雑損控除の違い

（1）の式を考えなくてはならないくらい被害を受けた場合は『災害減免法による所得税の軽減免除』を適用するのとどちらが有利か、考える必要がある。

まだあるんですね。

そうなんだ。雑損控除は盗難などもOKだけど、災害減免法は災害のみで対象資産は住宅と家財だけ。災害減免法は住宅や家財の損害金額が時価の2分の1以上で、かつ、所得金額の合計額が1,000万円以下の場合に受けられる。給与所得のみの人だとすると1,195万円以下の人なら適用がある。

お金持ちは雑損控除だけなんだ。

雑損控除は災害にあった年度に控除しきれなかったら翌年に繰り越せるけど、災害減免法だとそれはできない。災害減免法だと住民税の控除はない。

【災害減免法により軽減又は免除される所得税の額の表】

所得金額の合計額	軽減又は免除される所得税の額
500万円以下	所得税の額の全額
500万円を超え750万円以下	所得税の額の2分の1
750万円を超え1,000万円以下	所得税の額の4分の1

オレオレ詐欺の被害で雑損控除は受けられない

あと雑損控除の盲点なんだけど、
オレオレ詐欺は受けられないんだ。

え、そうなんですか？

盗難、横領は受けられるけど、詐欺はダメなんだ。
詐欺は偽装できるからね。

15 寄附金控除

特産品を 2,000 円で買う？

さて、これが最後の所得控除の説明となるかな？　寄附金控除。最近、ふるさと納税が流行っているけれど、これは納税じゃなくて本当は寄附で、この寄附金控除のことなんだよ。

そうなんですね。

みんな、節税って思ってやっているけれど、節税という表現はちょっと語弊があるような気がするよ。確かにお得な制度ではあるけれど。

ふるさと納税をすると特産品がもらえるんですよね。

そう。特産品がもらえる。納税額が抑えられるというより、税金を前払いして特産品をもらうといった方がしっくりくるかも。

ふるさと納税をしたときの寄附金控除は、寄附した額が 2,000 円を超えた金額分を税金から差し引いてくれるんだよ。

それなら確かに税金の前払いですね。

2,000 円だけは差し引いてくれないから、ふるさと納税で特産品をもらったら、その特産品を 2,000 円で買ったようなものかな。

ふるさと納税はいくらまでするのがトクなのか

じゃあ、高価な特産品をもらったほうがお得ですね。

寄附額の3割程度が返礼品となっているから、高価な特産品を
もらいたい場合、高額寄附をする必要がある。そうすると、自
己負担額が2,000円じゃ収まらなくなることがある。

じゃあ、今年の所得がわからないと2,000円でいくらふるさと
納税ができるかわからないですね。

そう。去年ベースで考えても、去年より所得が低ければ、自己
負担額が2,000円じゃ収まらなくなる可能性は十分ある。ギリ
ギリまでやるのはやめた方がいい。一応去年の所得をベースに
考えるのなら、去年の住民税の所得割額と所得税率を用意して。

【ふるさと納税の控除限度額（上限）】

住民税所得割額 × 20% ÷（1 －所得税率 ×1.021-10%）＋ 2,000 円

難しいです……。

うちの使ってるシステムは、ふるさと納税の限度額をシミュ
レーションしてくれる機能があるから大丈夫だよ。

そうなんですね、よかった！

住民税からのみ控除を受けたいなら「ワンストップ特例制度」

日本はサラリーマンが多いから、ふるさと納税をすると住民税が安くなるとよくいわれているけれど、ワンストップ特例制度を利用するなら来年の住民税額から控除される、というのが正しい。

ワンストップ特例制度？

確定申告をしなくても寄附金控除が受けられる制度だよ。『寄附金税額控除に係る申告特例申請書』に必要事項を記入して、寄附した自治体に送るんだ。寄附先が５か所までならワンストップ特例制度を使えて確定申告がいらないんだ。

サラリーマンみたいな確定申告をしなくてすむ人向きですね。

確かにそうなんだけど、ワンストップ特例制度は、同じ自治体であっても複数回寄附した場合、寄附したごとに『寄附金税額控除に係る申告特例申請書』を提出する必要がある。

じゃあ、寄附回数が多いなら確定申告の方が楽かも。

あと気をつけたいのは、サラリーマンでも医療費控除を受ける人とか住宅ローン控除１年目の人、個人事業主の人は、確定申告が必要だから、まずその年の所得税から控除されて、そのあと来年の住民税から控除される。

じゃあ、個人事業主は必ず所得税から控除されるんだ。

そう。**確定申告する人は、ワンストップ特例制度を利用していても寄附金控除の記載をしないと寄附金控除を受けられなくなる**から注意が必要だよ。

特産品は一時所得

忘れちゃいけないのが特産品も所得となるところ。実は一時所得なんだ。

え！　税金がかかるんですか。

一時所得は50万円までは控除枠があるから、たいてい大丈夫だよ。170万円以上の寄附をすると、おそらく返礼品は50万円を超えてくるから、申告する必要がある。

そんなに寄附する人がいるんですか？

所得の高い人はたまにいるよ。あとは、ほかの一時所得があって、返礼品と合算すると50万円を超えてしまう人は申告義務がある。

……一時所得って何ですか？

法人や地方自治体から贈与された金品や懸賞品が一時所得。クイズ番組で高額賞金をもらうと、あれは申告が必要となるんだ。あと、よくあるのが生命保険や積立型の火災保険の満期金だね。詳しくは確定申告のときに説明しよう。

寺・神社などへの寄附

寄附金で聞かれるのが、地元のお寺や神社に寄附をしたのは寄附金控除にならないのか、というところなんだけど、寺などの改築工事のための寄附が財務大臣の指定を受けたもので、特定寄附金に当たる場合は寄附金控除を受けることができる。

そうすると、財務大臣の指定がない場合は受けられない？

そう。伊勢神宮の遷宮のときなんかは大量に『財団法人伊勢神宮式年遷宮奉賛会』へ寄附したという証明書をみたよ。これは問題なく寄附金控除の対象となる。ない場合、寄附金控除は受けられない。

住民税の寄附金控除は学校や団体の所在地に注意

学校や、財団法人などの団体に寄附をした場合、『税額控除に係る証明書』が送られてくるから所得税法で寄附金控除を受けられることはわかるけど、住民税で控除を受けられるとは限らないんだ。

？

例えば、東京大学出身者が自分の母校に寄附をしたとする。日本全国どこに住んでいても所得税は寄附金控除を受けることはできるけど、住民税は住んでいる地方自治体が条例で東京大学を寄附金控除の対象法人として指定している場合だけ。

指定していることはどうやったらわかるんですか？

地方自治体のホームページに掲載されているよ。ちょっと面倒だけど都道府県と市区町村どっちもチェックが必要だよ。

都道府県と市区町村どっちも？

住民税って、都道府県民税と市町村民税、この2つのことなんだよ。地方税法に基づき市区町村が一括して賦課徴収するから、この2つを合わせて住民税と呼んでいるんだ。

本当は別モノなんですね。

そう。だから、その納税者の住んでいる自治体がその団体への寄附を控除対象としているか調べる必要がある。その団体の所在地である場合は控除を受けられる可能性が高い。

なるほど。東京大学は東京都文京区にあるから、東京都と文京区のホームページを見てみると……あ、書いてありますね。東京都文京区に住んでいる人は東京大学に寄附をすると都道府県民税と市町村民税どちらも控除を受けられるわけですね。

そういうことになるね。例えば埼玉県さいたま市に住んでいる人は、となると、東京大学は県も市も記載がないから住民税の寄附金控除は受けられないんだ。

【東京都の財務大臣指定寄附金一覧】

令和元年 12 月末時点

項番	法人種類	法人名称	主たる事業所住所	
1	国立大学法人	お茶の水女子大学	文京区	大塚 2-1-1
2	大学共同利用機関法人	自然科学研究機構	三鷹市	大沢 2-21-1
3	公立大学法人	首都大学東京	新宿区	西新宿 2-3-1
			立川市	緑町 10-3
12	国立大学法人	東京工業大学		
13	国立大学法人	東京大学	文京区	本郷 7-3-1
14	国立大学法人	東京農工大学	府中市	晴見町 3-8-1
15	大学共同利用機関法人	人間文化研究機構	立川市	緑町 10-3
16	国立大学法人	一橋大学	国立市	中 2-1

出典：東京都主税局ホームページ

【文京区の寄附金税額控除（条例指定分）】

対象となる法人（団体）への寄附金

指定寄附金（法人への寄附金）

法人の種類	法人の名称	主たる事業所等の住所	適用開始日 （開始日以後の寄附が対象）
国立大学法人	お茶の水女子大学	文京区大塚 2-1-1	2018 年（平成 30 年） 1 月 1 日
国立大学法人	東京医科歯科大学	文京区湯島 1-5-45	2016 年（平成 28 年） 4 月 1 日
国立大学法人	東京大学	文京区本郷 7-3-1	2019 年（平成 31 年） 1 月 1 日
公益財団法人	東京カリタスの家	文京区関口 3-16-15	2017 年（平成 29 年） 1 月 1 日

（ 以 下 省 略 ）

出典：文京区ホームページ

12月。師匠も走るとされる師走です。

税理士事務所は年末調整で残業が増えてくる時期です。

また、12月には税理士試験の合格発表もあり、

受験した人はなんとなく落ち着かない日が続きますし、

中旬あたりには次年度の税制改正大綱が発表されます。

街はクリスマス一色の中、税理士は忘年会シーズンで

あちこちからお声がかかることになり、

所長先生の不在に拍車がかかる時期となります。

新人2人も税理士試験の発表があり、明暗が分かれてしまいました。

竹橋くんはこれで4科目合格となりますが、松木さんは不合格でした。

仕事で覚えることが多いのに勉強もせねばならず、少々つらそうです。

1 税理士試験合格発表

 梅沢先輩、ちょっといいですか。

 うん？　大丈夫だよ。

 試験、ダメでした。

 そっか。発表は先週だったね。

 税理士向いてないのかなあとか思って……。

 それを言っちゃ、おしまいでしょ。
まだ事務所で1年も働いていないのに。

 そうですけど……。

 そもそも、なんで税理士になりたいと思ったの？

 ……母親から女性が働くには資格があった方がいいと小さい頃から言われていたんです。あとは、なんとなく、税理士って名刺に書いてあったらカッコいいなと思ったんですよね。

 まあ、みんなそんなもんだよ。
松木さんはまだ若いし、十分可能性はあると思うんだ。

  ……。

でも、僕は何年も受からなくて諦めてしまった人を何人も見ている。勉強したことは無駄ではないと思うんだけど、受験勉強している間はやりたいことも我慢して、ストレスを抱えているよね。受験勉強でデートする時間がなくて振られてしまったなんて話もよく聞くし。

最近、学生時代の友達が結婚するって聞いて、
ああ、私も婚活しなきゃなって焦ってきてます……。

え〜？　まだ早いでしょう？

男性はそうでしょうけど、女性は大学を卒業して、結婚ブームの第一陣は私の年齢なんです。

そうなのか……。僕、今40代前半だけど、平均寿命から考えると人生の折り返し地点じゃない？　気づいたことがあるんだ。人間はいつか死ぬんだよね。時間は有限なんだ。厳しいことを言うようだけど、また来年受ければいいやとか、婚活が先かな、とか思ってしまってない？

ちょっと、あります。

そんなこと思ってると、すぐ40歳になっちゃうよ(笑)。
人生を税理士試験だけに捧げる気？

それは嫌です。

試験というものが苦手な人もいるから、大学院に進学するというのも一つの手ではあるよ。夜間に通える大学院もあるしね。でも、試験で受かりたいと思うなら、頑張るしかない。

僕の友達のお父さんも税理士だったけれど、彼は結婚して子どももいた状態で目指していたから、何が何でも受かりたくて受験中は勉強用のこたつで仮眠をとるくらいしか寝ていなかったそうだよ。

そんなに勉強したんですか。

子どもがいると、切実さが違うかもね。僕の友達の税理士は、8月に試験を受けた時に今年はダメだ、って思ったから、12月までに理論を完璧に覚えなおした、って言っていたよ。

……。

けっこう壮絶だよね。やっぱり国家資格だからある程度は勉強しないと受からない。大学院に通うのも働きながらだと大変だよ。

それに、どっちにしろ税法の勉強はしないと話にならないから、僕は法人税、消費税、相続税の科目は専門学校で勉強したし、ベースの知識が不足してるから実務で苦労したよ。

そうだったんですね。

資格を持って働くのは、それだけ周りから要求されるものが高くなるからやっぱり勉強は必要だよね。資格を取り終わったとしても、試験では捨て論点でも、受験しなかった税法でも実務では容赦なく出てくるし、税法はしょっちゅう変わるから勉強は続けないといけない。

はあ〜、この仕事は一生勉強しなくてはいけないんですね。

勉強は慣れるよ、そのうち。資格についていえば、活躍する方法は資格だけではないし、人生の他の楽しみをすべて捨てるほどの価値は税理士資格にはないと僕は思っている。

 ……。

でも、税理士は楽しいよ。資格があるから僕の話を聞いてくれる人がいる。僕は20代後半でこの世界に入ったけど、そんな若造の話に60代の経営者が耳を傾けてくれるんだ。これは資格があるからこそ、だよね。

 確かにそうかもしれないですね。

自分がどうなりたいか。松木さんはあと40年仕事をするわけで、その間、睡眠の次に長い時間を費やすのが仕事だよ。その長い時間をどうやって働きたいかじゃないかな。

仕事も覚えなくてはならないことばかりできついと思うけど、来年になればもっと楽になる。勉強も仕事も重ね塗りだよ。そうすればもう少し勉強に時間を割けるようになると思うし、まだあきらめるのは早いと僕は思うよ。

税制改正

そろそろ税制改正大綱が発表される時期だね。

そういえばニュースで言ってたなあ。
先輩も気になるんですか？

そりゃそうだよ。仕事に直結するものだからね。税制はコロコロ変わるから。といってもほとんどが法人税法や所得税法そのものを改正するのではなくて、租税特別措置法とか施行令、施行規則が改正になるんだけどね。

イマイチ措置法って立ち位置がわからないです。

少し説明しようか。

租税特別措置法は政策的なもの

所得税法や法人税法などは各々の税法の内容を定めた基本的、理論的なものだけど、租税特別措置法は理論よりも政策優先なんだ。

え、法律なのに？

国の施策を税金面から後押しするために政策的な意味で定められている時限立法の集まりが租税特別措置法。略して措置法というよ。いってしまえば政治家の思惑が入り混じった法律だね。

確かに税金は政治に振り回されているような気もする。

国の政策によって毎年、時には年の途中で新設、改正、廃止が
生じるから、税法が難解だといわれる一因なんだよ。

措置法は一般法より優先

措置法は所得税法、法人税法、相続税法、消費税法など本法に
優先する「特別法」と位置づけられている。たとえ所得税法に
定めてあることでも、**措置法に定めてある内容が優先される**よ。

『本』法の方が偉そうに感じるけど、違うんですよね。

そうなんだ。措置法で馴染みが深いのは、『中小企業者の少額減
価償却資産の取得価額の損金算入の特例』かな。

青色申告の中小企業者が 30 万円未満の少額減価償却資産を取
得した場合、事業の用に供した期の費用とすることを認める特
例ですよね。

そう、それ。本来であれば 10 万円以上の減価償却資産は資産
計上し耐用年数の期間において費用化されるものだけど、中小
企業への政策的配慮としてこの措置法が定められているんだ。

措置法はいつ廃止されるかわからない

この特例は限度額などの変更はあったものの何年も続いている
けれど、来年なくならないとも限らないんだ。

え、そうなんですか？
変わったことをどうやって知るんですか？

それが『税制改正大綱』だよ。現行の税制が延長になるか、新設される税制はどういうものか、廃止となるものは何かがこの大綱でわかるんだ。だから税理士は年末の税制改正大綱が気になって仕方がないんだ。

だから気になるのかあ。

【施行令・施行規則】

大枠である法は国会で定める

ついでに施行令、施行規則も説明しておこう。
措置法の住宅ローン控除を例に考えてみようか。

住宅ローン控除は措置法なんですね。

マイホームを持つために借金したら、所得税額控除が受けられますよ、なんて租税理論上はあり得ないじゃない？　そういう政策的なものは本法じゃなくて措置法で決まっていると考えていいよ。

なるほど。

住宅ローン控除という法律を制定するのは国会。でも、そのマイホームの面積が何㎡以上ある場合に住宅ローン控除の適用を受けられるのか、一部を事業で使用しているときはどうなるかなど、全てを国会で決めていては国会の会期が終わってしまう。

細かいところは施行令・施行規則

そこで、細かいところや全員には当てはまらないパターンなどは政令に委任するんだ。政令とは、内閣（政府）が出す命令で、この政令のことを、『施行令』というよ。更に細かく、大臣が出す命令が『施行規則』。

法律じゃないんですね。

厳密にいうとそうなるね。住宅ローン控除を受けられる床面積は50㎡以上だけど、これは措置法施行令第26条に定められている。住宅ローン控除を受けるために確定申告書に添付するべき資料については施行規則に記載されているよ。

実務で必要となる細かい部分は、施行令や施行規則を見ればいいのか。

【通達】

通達はたくさんある

通達って聞いたことあるよね？

もちろんです。かなり耳慣れた単語です。

通達は全ての税法に対して作られている。所得税基本通達、法人税基本通達という具合で、もちろん、措置法にも通達があるよ。特別の項目については個別通達があるし、通達の通達もあったりする。

通達は法令の解釈だけど、解釈なのにその解釈本が出回るほど難解なこともあるんだ。「○○税基本通達逐条解説」というのなんだけど。

 本棚にそんな分厚い本がありましたね。

通達は局や署内へのお達し

通達は、行政機関内部の文書のことをいうんだ。だから『通達』というものは国税庁の中だけにあるものではないんだ。

 お役所にはみんなあるんですね。

そう。**上級機関が下級機関に対して、法令の解釈等を示すものが通達**。国税庁だと、国税庁長官から国税局や税務署に対して出すお達しだね。

 なるほど。

通達は国税庁長官からの命令だから、国税局・税務署職員は通達に沿って仕事をしなくてはならない。申告書の記載や税務調査などで通達を無視した処理が行われていた場合、納税者に対し間違いであると指摘をすることになる。

国民は通達に従う必要はない

でも、**通達はあくまで税務署等の内部文書だから、税理士や納税者がそのとおりに処理しなければいけないものではない**んだよ。

え、そうなんですか？？？
あんなにしょっちゅうみんな通達、通達って……。

びっくりするのも無理はないね。実務の現場では、通達と違う処理をしていれば調査で指摘され修正を求められるから、とりあえずは通達に沿って処理をしておけば問題ない、という判断基準で申告を行うケースが多くなるんだよね。

通達が正しいとは限らない

通達を詳しく知ることは、実務上とても大切だよ。業務に慣れるまでは、まず通達がどうなっているかということをベースに処理を進めていっても構わないと思う。

やっと通達の立ち位置がわかった気がします。

あと、ひとつ知っておいてほしいのは、時には通達とは異なる解釈の方が理屈が通っていることもあるんだ。

通達が間違えてるなんてことあるんですか？

平成22年7月6日判決（生命保険二重課税）で、最高裁がこれまでの通達による課税が誤りであったと判示して大きなニュースになったんだ。こうやって通達が間違えていることもある。法律本来の趣旨を汲み取り、通達に疑問を持てる税理士を目指したいね。

新年を迎え、まずは神社に初詣に行ってお屠蘇を飲んで……
といきたいところですが、
1月は20日が納期の特例の期限、31日は償却資産の申告期限、
給与支払報告書の提出期限、法定調書の提出期限となっているため、
税理士事務所は新年早々忙しくなります。
すべてのお客さんの提出期限が同じ時期に来るため、
スケジュール管理や、提出漏れなどがないように注意が必要となります。

1　償却資産の申告

処理の仕方で償却資産となるかならないかが変わることも

減価償却のところでも少し償却資産について触れたけれど、覚えているかな？

 法人税では 300 万円まで 30 万円未満の少額減価償却資産は取得時に損金とできるけれど、償却資産は 10 万円以上の資産は申告対象となります。ただし、一括償却資産の場合は申告対象外です（P68 参照）。

よく覚えていたね。

 法人税だけじゃダメなんだ、って衝撃だったので……。

そうなんだよ。税理士って、試験を受けていない税法だって対応しなきゃいけないからね。

償却資産の申告対象

償却資産の申告対象は事業の用に供することができる資産が対象だよ。でも、棚卸資産は含まれない。

申告対象にならないものは、同じ固定資産税だけど賦課課税される土地建物。自動車税・軽自動車税がかかる自動車や、ソフトウエア、特許権、電話加入権、繰延資産とか。

 二重課税を避けているのと、形のないものは申告対象外になるのか。

そうだね。建物はちょっと特殊で、建物の躯体は償却資産にはならないけれど、建物附属設備は償却資産の対象になるものもあって、誰が取り付けたかで変わる。

あ、なんかありましたね。

難しく言うと家屋のオーナーが取り付けた建築設備で、構造上一体となり家屋自体の効用を高めるものは償却資産の課税対象外となるけれど、それ以外の構造的に簡単に取り外しが可能なものなどは償却資産として課税される。

前も聞きましたけど難しすぎです……。

ざっくり言うと、家屋のオーナーが取り付けた天井埋込型の空調設備なんかは家屋に含まれるとして償却資産の対象外。屋内のガスの配管や電灯コンセント設備も家屋とみなされて償却資産の対象外。屋内の給排水設備やガス設備の配管とか、エレベータとかも対象外だね。

建物の内側は建物と考えるんですね。

給排水設備で外付けのものや、壁掛けルームエアコンなんかは償却資産。ガス設備、電気設備の引込工事も償却資産となる。

建物の外側や、取り外しが可能なものが償却資産ですね。

そんな感じだね。

じゃあ、科目が建物附属設備であっても、内容によって償却資産の対象となったりならなかったりする？

だから言ってるでしょ（笑）。科目で判断せず、個別に申告対象かどうかチェックする必要がある。

うわー、大変。

オーナーの場合はちょっと大変だね。オーナーではなくて賃借人が取り付けたものは、10万円以上のものは一括償却資産でない限り全部償却資産の申告対象となるよ。

ついでに、償却資産の申告のときは建物附属設備は構築物として申告するよ。

機械でも償却資産の対象外のものがある

車は自動車税がかかるから償却資産の対象外。注意したいのが、車じゃなくても軽自動車税がかかるものもあって、それも償却資産の対象外になるよ。

車じゃないもので軽自動車税？

農家は、乗用型の田植え機やコンバインを持ってるけど、あれは機械に分類される。でも軽自動車税がかかるから償却資産の対象にはならないんだ。

……すいません、田植え機はわかりますが、コンバイン？

稲刈りをしながら脱穀できる機械だよ。

機械なのに軽自動車税がかかるから償却資産の対象外？

そうなんだ。最高速度が 35 キロ未満で乗用装置がついていると小型特殊自動車で、軽自動車税がかかる。

知らないことだらけです。

除却した資産は台帳から削除しておこう

もう使わない資産で償却が終わっているものをずっと持っていたり、物はないのに減価償却台帳に残ったまま、なんて資産に気をつけてほしい。

償却が終わっているのに気をつける必要があるんですか？

償却資産は耐用年数が経過して償却済みであっても、現に事業の用に供することができる状態なら課税対象となるんだ。

え、それじゃあ余分な税金がかかってしまいますね。

そうなんだ。だから、決算のときや償却資産の申告のときに、減価償却台帳をお客様に確認してもらって、不要な資産、廃棄した資産はないかを確認する必要がある。

「申告の手引き」を取っておこう

償却資産は地方税だから、地方自治体によって微妙に違ったりする。年末あたりに地方自治体から届く『申告の手引き』を捨てないで手元に置いておくこと。手間だけど、所在地である市区町村の手引きを見ながら処理をするのが一番いいよ。

225

給与支払報告書とは

給与支払報告書、って聞いたことあるかな?

ないです。

1月1日に在籍している従業員の1年間の収入や控除などを従業員の住んでいる市区町村に提出するものだよ。住民税の課税のために必要なんだ。提出期限は1月31日。

1月は新年早々忙しいな。

そうなんだよね。給与支払報告書は提出期限を過ぎてしまっても特段ペナルティはない。

なら遅くてもいいかな。

あまりにも遅いと6月からの納付に間に合わなくて、本来なら12か月で割るところを10か月とかで割ることになる。分母が小さくなると天引き額が大きくなるから期限は守らないとね。

手取りが減っちゃうのは大変だ

『給与支払報告書(個人別明細書)』というものを提出するんだけど、この内容は源泉徴収票と同じ。これに総括表を添付するよ。

令和2年度(令和元(平成31)年分)給与支払報告書(総括表) 1月31日までに提出してください。

追加 訂正	令和 2 年 月 日 提出 長殿	※ 種 別	※ 整理番号	※

1 給与の支払期間	年 月分から 月分まで	10 提出区分	年間分	退職者分
2 給与支払者の個人番号又は法人番号		11 給与支払の方法及び期日		
3 給与支払者郵便番号	〒 － ※	12 事業種目その他必要な事項		
4 (フリガナ) 給与支払者所在地 (住所)	ビル内 電話( ) － 番	13 提出先市区町村数		
5 (フリガナ) 名称 (氏名)		14 受給者総人員		名
		15 報告人員		名
6 代表者の職氏名印		16 うち退職者人員		名
7 経理責任者氏名		17 所轄税務署		税務署
8 連絡者の係及び氏名並びにその電話番号	係 氏名 ( ) － 番 内線 番	18 払込を希望する金融機関の名称及び所在地	(名称) (所在地)	
9 会計事務所等の名称		19 当年中の特別徴収義務者指定番号		

① 追加報告のときは「追加」、訂正の場合は「訂正」をそれぞれ○で囲んでください。

② 「1給与の支払期間」欄には、「15報告書人員」(提出区分が「退職者分」の場合は「うち退職者人員」とする。)に給与を支払った期間を記載してください。

③ 「2給与支払者の個人番号又は法人番号」欄には、給与支払者の個人番号(行政手続における特定の個人を識別するための番号の利用等に関する法律第2条第5項に規定する個人番号をいう。以下同じ。)又は法人番号(同条第15項に規定する法人番号をいう。)を記載してください。なお、個人番号を記載する場合は、左個を1文字空けて記載してください。

④ 「8連絡者の係及び氏名並びに電話番号」欄には、この報告書について応答する者の氏名、所属課、係名及びその電話番号を記載してください。

⑤ 「10提出区分」欄は、退職者についてのみ支払報告書を提出する場合には、「退職者分」を、その他の場合は「年間分」を○で囲んでください。

⑥ 「11給与支払の方法及び期日」欄には、月給、週給及び毎月20日、毎週月曜日等と記載してください。

⑦ 「14受給者総人員」欄には、1月1日現在において給与の支払をする事務所、事業所等から給与等の支払を受けている者の総人員を記載してください。

⑧ 「15報告者人員」欄には、提出先の市町村に対して「給与支払報告書(個人別明細書)」を提出する人員(退職者人員を含む。)を延べ人数で記載してください。

⑨ 「16うち退職者人員」欄には、提出先の市町村に対して「給与支払報告書(個人別明細書)」を提出する退職者の人員を延べ人数で記載してください。

⑩ ※印の欄は記載しないでください。

(市区町村提出用)

特別徴収と普通徴収

総括表は、特別徴収と普通徴収の人を分けて人数を記載したり、退職者の人数を記載する。

確か特別徴収が天引きでしたっけ？ 僕はいつも特別徴収と普通徴収がごっちゃになっちゃって。

一般的な方法の名称が『特別徴収』だからごっちゃになるよね。

そうなんですよ。

本来の納税義務者である従業員が直接納税するのが本来の姿のところ、会社が源泉徴収して納付している。本来の姿から外れているから『特別』徴収だね。

なるほど。

従業員の住民税納付方法は特別徴収が原則。普通徴収は総従業員数が2人以下とか、個人事業主で専従者しかいないとか、限られた場合しか普通徴収は許されていない。

ダブルワークの人は？

主たる勤務先で天引きされて納付することになるよ。

年末調整が終われば個人別明細書はできあがっているわけだし、あとは総括表だけならそんなに大変じゃなさそうですね。

それが従業員の人数が多いと、これがけっこうな負担なんだ。全員が同じ市に住んでいれば楽だけど、そうじゃないじゃない？　区、市や町もあるわけで、一人でもその市区町村に住んでいる従業員がいれば個人別明細書と総括表を送らなくてはならない。

え、それは大変かも。

前年度に送っている市区町村からは、通常、給与支払報告書の提出依頼の手紙が来る。その中に報告書を郵送するための封筒が同封されているから、捨てずに取っておいてもらわないとね。

 うわ、お客さんに捨てないようにお願いしておかなきゃ。

ま、でも、うちの事務所は電子申告だからその必要はないけどね。

  なあんだ、よかった。

3 法定調書

なぜ法定調書を出すのか

次は法定調書。去年1年間に一定額以上支払ったものについて、1月31日までに税務署に提出する。そのときに、『給与所得の源泉徴収票等の法定調書合計表』を併せて提出するよ。

 これも1月が期限ですか。1月は大変なんですね。

そうだね。提出は義務だけどペナルティはないからあまりモチベーションの上がらない作業ではあるかなあ。

 ペナルティはなし、か。これで納税が発生するわけじゃない……、なんで出さなきゃいけないんですか？

税務調査の資料になるんだ。法定調書は支払った側に提出義務がある。人情として、売上は隠したいけど経費は増やしたいから支払った方に提出させる方が正しいデータを収集できるんだよ。

 なるほど。

法定調書って何を書くのか、1年に1回だから、どうしても忘れてしまうんだよね。税務署が配布している『給与所得の源泉徴収票等の法定調書の作成と提出の手引』を見ながら作業をした方がいいよ。

 はい。

提出範囲の金額基準の判定や記載金額は、消費税を含めるのが原則だけど、税抜でも認められている。税抜で記載する場合は、摘要欄に消費税等の額を記載する必要があるよ。

給与所得の源泉徴収票

給与の支払をした場合、源泉徴収票（給与支払報告書）を提出する。従業員全員分提出するのではなくて、該当するものだけを提出するよ。よく出てくるのはこんな感じ。

【年末調整をしたもの】

　　１年間の支払金額が法人の役員であれば 150 万円を超えるもの
　　役員でなければ 500 万円を超えるもの

【年末調整をしていないもの】

　　月額表又は日額表の乙欄若しくは丙欄の適用者で 50 万円を超えるもの
　　給与額が 2,000 万円を超えて年末調整をしなかったもの

退職所得の源泉徴収票・特別徴収票

退職金を支払った場合は、法人の役員に支払ったものに提出義務がある。法人の役員だけだから、そんなに頻度は高くないと思うよ。

報酬、料金、契約金及び賞金の支払調書

これにうちの事務所の報酬も該当するね。お客さんが１年間でうちに支払った額が 5 万円を超えると提出義務があるよ。

じゃあ、5 万円を超えてうちに支払ったお客さんはみんな提出しなきゃなんだ。

【報酬、料金、契約金及び賞金の支払調書提出範囲】

区　　　分	提　出　範　囲
(1) 外交員、集金人、電力量計の検針人及びプロボクサーの報酬、料金	同一人に対するその年中の支払金額の合計が **50 万円** を超えるもの
(2) バー、キャバレー等のホステス、バンケットホステス、コンパニオン等の報酬、料金	
(3) 広告宣伝のための賞金	
(4) 社会保険診療報酬支払基金が支払う診療報酬	同一人に対するその年中の支払金額の合計が **50 万円** を超えるもの。ただし、国立病院、公立病院、その他の公共法人等に支払うものは提出する必要はありません。
(5) 馬主が受ける競馬の賞金	その年中の 1 回の支払賞金額が **75 万円** を超える支払を受けた方に係るその年中の全ての支払金額
(6) プロ野球の選手などが受ける報酬及び契約金	同一人に対するその年中の支払金額の合計が **5 万円** を超えるもの
(7) (1)から(6)以外の報酬、料金等	

『支払先が個人で源泉徴収の対象となる報酬・料金等』と似てますね。

そのせいで、源泉徴収対象ではないものは支払調書を出す義務はないと勘違いしてしまう人がいるんだけど、支払調書は支払先が法人で報酬や料金等が源泉徴収の対象とならないものであっても、提出範囲に該当するものは提出しなくてはならない。

支払調書は源泉徴収義務があるかとは無関係なんですね。

そうなんだ。だから、もしうちが税理士法人だったとしても、うちに5万円を超えて報酬を支払っているお客さんは、法定調書を、

出す義務がある。

うちが税理士法人だったら、お客さんはうちに報酬を支払うときに源泉徴収をする義務は、

ない。

そのとおり。

不動産の使用料等の支払調書

これは不動産、不動産の上に存する権利、船舶、航空機の借受けの対価や不動産の上に存する権利の設定の対価の支払が1年間に15万円を超えた**法人**と**不動産業者である個人**の人に提出義務がある。

不動産業者である個人の人？

不動産業者である個人はというと、主として建物の賃貸借の代理や仲介を目的とする事業を営んでいる場合は、この不動産業者に含まれない。だから、個人はほとんど該当しないよ。不動産を借りている法人が主に提出義務者だね。

233

大半の個人のお客さんが外れるからちょっと楽になりますね。

そうだね。あと、支払先が法人の場合、権利金、更新料のみを記載すればいい。だから、支払先が法人で賃料だけ支払っている場合には提出義務はない。

ちょっと、ごちゃごちゃしてきました。

整理しようか。

> **提出義務者**…1年間の支払が15万円を超えた法人と不動産業者である個人
> **記 載 内 容**…支払先が法人の場合、権利金、更新料等（賃料は不要）
> 　　　　　　　支払先が個人の場合、賃借料、権利金、更新料等

不動産等の譲受けの対価の支払調書

譲り受けた不動産、不動産の上に存する権利、船舶、航空機の対価の支払が1年間に100万円を超えた**法人**と**不動産業者である個人**に提出義務がある。

これも不動産の使用料等の支払調書と同じで不動産業者である個人のうち、主として建物の賃貸借の代理や仲介を目的とする事業を営んでいる人は提出義務がない。

不動産等の売買又は貸付けのあっせん手数料の支払調書

不動産、不動産の上に存する権利、船舶、航空機の売買又は貸付けのあっせん手数料の支払が1年間に15万円を超えた**法人**と**不動産業者である個人**に提出義務がある。これも不動産業者である個人のうち、主として建物の賃貸借の代理や仲介を目的とする事業を営んでいる人は提出義務がない。

あっせん、とは何ですか？

紹介、とか仲介という意味だよ。

じゃあ、ありそうなケースとしては法人が事務所や店舗を借りて不動産屋さんに仲介手数料を支払った場合？

そんな感じだね。

235

2月

さて、確定申告本番となりました。

税理士事務所は年に一度のお祭り騒ぎとなります。

気持ちは焦るばかりですが、去年の申告を見ながら必要資料の確認をし、

漏れのないように気を付けます。

この時期は複数のお客様の資料を大量に取り扱うことになります。

誰のものかわからなくならないように名前を書く、

同時に複数のお客様の資料を広げないなど、

資料の取扱いには注意が必要です。

事業所得のあるお客様は青色申告決算書・収支内訳書を作成しますが、

法人との違いがありますので、しっかり押さえておきましょう。

松木さんは友達から確定申告が必要かどうか質問を受けたようです。

申告は必要？

友達がネット販売していて、サラリーマンだから申告いらない
よね？　って聞かれたんですけど、20万円を超える利益が出
てなければ申告不要で OK ですよね？

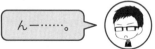
んー……。

？

サラリーマンでも医療費控除や寄附金控除を受ける場合や住宅
ローン控除1年目で確定申告をする人は、副業の所得が20万
円以下であっても申告が必要だよ。

よかった。友達は医療費とかは特段ないので、20万円以下だ
と申告不要ですね。

ネット販売でも、家具、じゅう器、通勤用の自動車、衣服など
の『生活用動産』を売って得た所得は非課税だけど、人から買っ
た不用品や、ネットで仕入れたものを売却して得た所得は課税
される。

貴金属や宝石、書画、骨とうなどで、1個又は1組の価額が30
万円を超えるものの場合は自分が使っていたものでも課税され
るよ。

「副業所得が20万円以下なら申告不要」は半分ウソ

さらに、大きな落とし穴があってね、サラリーマンで副業が20万円以下の人であっても、住民税は申告が必要なんだよ。

住民税？

所得税は、日本全国民が少額でも全部申告してきたら税務署がパンクしてしまうから、少額のものは申告不要としているんだ。『少額不追及』なんて言ったりするね。でも、住民税にはない。

じゃあ、ネットとかで申告不要、って書いてあるのは……。

そう、間違いなんだよ。

大変！　言っておきます。

たいていの副業は事業所得ではなく雑所得

厚生労働省のモデル就業規則で副業を原則禁止から原則容認に転換したことがニュースになっていたよね。ずいぶんと副業が市民権を得てきているみたいだけれど、副業が何所得になるか知っている？

事業所得ですか？

事業所得に該当するのはとてもハードルが高いんだよ。たいていの場合は雑所得に該当する。

雑所得、ですか。雑所得って何ですか？

 雑所得は他のどの所得にも該当しない所得で、それ自身積極的な内容をもたない様々な性質をもった所得のよせ集めなんだ。

  ？

 よくあるのがサラリーマンが勤めている会社以外からもらった原稿料とかかな。事業とまではいかないけれど収入を得たものが雑所得になる。

 なるほど。

 国税庁のホームページに、給与所得者がオークションサイトやフリーマーケットアプリを利用した次のような個人取引が一般的に雑所得になるとして記載されている。

【雑所得となるもの】

・衣服・雑貨・家電などの資産の売却による所得
　※生活の用に供している資産（古着や家財など）の売却による所得は非課税
・自家用車などの資産の貸付けによる所得
・ベビーシッターや家庭教師などの人的役務の提供による所得

正社員なら副業を事業所得と考えるのは難しい

 副業が雑所得か事業所得かはいくつか判決があって、それをもとに考えると、その副業に営利性・継続性・反復性があるか、精神的あるいは肉体的労力の程度や物的設備があるか。また、社会的地位・生活の状況などを考慮して判断する必要があるんだ。

加えて、**その事業が生活の糧となるものか、一般的に職業として認知できるか、も判断材料となる。**おそらく、サラリーマンで正社員として仕事をしていたら……。

副業が事業所得と認められるのはかなり難しそうですね。

ユーチューバーやアフィリエイターとか、休日に自分の得意分野を教えるための教室を開くというのも正社員ならおそらく雑所得だろうね。

雑所得を事業所得として申告していたら？

事業所得に該当するなら、赤字のときは他の所得と損益通算ができて税金の還付が受けられるけど、雑所得の赤字は損益通算の対象ではない。

確かに、雑所得はフジサンジョウに入ってないですものね。

事業所得で青色申告だったらいろんな青色の特典があるけれど、雑所得に青色の特典はない。調査に入られたら、追加の本税と過少申告加算税と延滞税。

サラリーマンの副業は雑所得、って覚えておきます……。

2 減価償却 法人税と所得税の違い

法人税と所得税の法定償却方法は違う

減価償却システムに登録するときは、必ず『減価償却資産の償却方法の届出書』を出しているかを確認すること。法定償却方法ではない方法を選択しているかもしれないからね。所得税の法定償却方法は知ってる？

定率法じゃないんですか？

それは、法人の場合の法定償却方法だね。所得税の場合、法定償却方法は定額法。

え、知らなかったです！

税法によってデフォルトの償却方法が違うんだ。

所得税の経験がない人はかなり間違うことの多いところだから注意が必要だよ。

そうですね。
教えてもらわなかったら知らないままだったかも……。

建物は平成 10 年 4 月以降取得分から、建物附属設備や構築物は平成 28 年 4 月取得分から定額法と固定化された。昔、定率法を選択していてこれらの資産を取得していた場合、まだ定率法のものが残っていることがあるよ。

2月

2 減価償却 法人税と所得税の違い

法人は任意償却、個人は強制償却

あとは、法人は赤字のときに減価償却を止めることができるけど、個人はできない。法人は任意償却、個人は強制償却、なんていわれているよ。

個人はできないんですね！　これも知らなかったです！

法人税をかじったあとに所得税をみるといろいろ違和感だよね。

法人税法第 31 条
……償却の方法……により計算した金額……に達するまでの金額とする。
所得税法第 49 条
……償却の方法……により計算した金額とする。

法人税の表現は『達するまでの金額とする』だから遊びがある感じですね。

そう。一方、個人は『計算した金額とする』だから計算して出した減価償却費の額そのものなんだよね。

うわー、なんかショックです。

3 個人の交際費は緩いのか厳しいのか

個人事業主には交際費損金不算入の規定はないが……

 そういえば、交際費は法人では損金不算入がありますけど、個人にも制限があるんですか？

 法人みたいないくらまで、といった制限はないんだけど、そもそも法人と個人で経費となる範囲が違うんだ。個人事業主の場合、5,000円以下であろうと飲食費が必要経費として必ずしも認められるとは限らないんだ。

 でも、営業で飲みに行くというのは事業遂行上必要といえると思うんですが。

 個人事業主が飲み食いしているのは、事業のためか、個人として使ったのか、区別がつかないじゃない？　所得税は業務遂行上必要で、必要である部分を明らかに区分できるものだけが必要経費にできる。

 どうしたら業務遂行上必要だといえるんですか？

 誰と行ったのか、何の話をしたのかメモや議事録を残しておくことだね。業務遂行上必要だったのかどうかを納税者が証明する努力をしないと、調査で否認されることがあるよ。

 でも、記録を残すことが大事なのは法人でもそうですよね。

 もちろんそうなんだけど……。個人と法人の違いが出てくるのは、まずロータリークラブ。

ロータリークラブは個人事業主の経費にならない

 ロータリークラブって何ですか？

 ロータリークラブやライオンズクラブは地元の経営者や名士の集まる社会奉仕団体だよ。

 お金持ちクラブですね。

 確かに（笑）。経営者同士お付き合いを通じて、仕事を紹介し合ったりもしている。これらの入会費や会費、会合費は平成18年4月26日の裁決で必要経費にならないとされたんだ。平成26年3月6日の裁決でも認められなかった。

 え、サイケツって何ですか？

 課税庁の処分に納得がいかない場合、いきなり裁判にせずに、国税不服審判所で争うとされているんだ。そこで出た結論のことだよ。裁判で出た判決よりかは弱いけど、ここで出た結論は似たような事案を検討する場合には参考になる。

 仕事を紹介し合ったりしているなら、経費だと思うけど。

 平成26年3月6日の裁決では、司法書士の支払ったロータリークラブの入会金と会費が必要経費になるかが争点となったんだけど、ロータリークラブは社会奉仕が目的の会であり、請求人の事業と直接関連するものではないため経費ではないとされたんだ。

 難しいです。

わかりやすく意訳すると、ロータリークラブで知り合った人から登記の依頼が来るかもしれないけど、司法書士の業務にロータリークラブの活動である社会奉仕が直接必要かといわれたら、そうではないから経費にはならない、という理屈だね。

厳しい〜！

これが法人としてロータリークラブの活動に参加すると交際費となる。

え？？

法人は利潤を追求するために存在しているのだから、支出した費用は基本的に経費になると考えるからね。まあさっきの損金不算入制度があるけれど、あれは措置法であって法人税の規定ではないんだ。法人税の理論としては損金なんだよ。

BNI は経費となるのか

BNI ってありますよね。ロータリークラブと似ている気がしますけど、これも個人事業主だと必要経費にならないですか？

いや、BNI は異業種交流会だよ。会の趣旨は会員同士が仕事を紹介し合うというものだから必要経費とすることができるね。

会の趣旨って大切なんだ。

社長の思いとは裏腹に経費とならないものもあるから、まずは『事業のために支払ったものかどうか』をベースに考え、それとともに常日頃から情報収集を怠らないようにしないといけないよね。

社会常識も勉強しなくちゃいけないんですね……。

4 寄附金

祈祷代は経費になるのか

個人事業主の甲さん、伊勢神宮にお参りに行って祈祷してもらってますよ。事業が上手くいってないからこれぞ神頼み。寄附金で計上していいですよね？

個人事業主の場合、祈祷や新年のあいさつのときの初穂料は必要経費とはならないんだよ。

え、そうなんですか？　法人のときは寄附金で OK でしたよね。

伊勢神宮が何らかの形で事業に関係していれば別なんだけど、たぶんちがうよね。寄附金は喜捨銭。喜んで捨てる金だもの、事業に直接関係のない者に対しての贈与で、事業に必要な経費とはいえない。

贈与！　思ってもみなかった。

個人事業主の損益計算書や収支計算書に寄附金が計上されることはないといっていいんじゃないかな。

家事関連費は明確に事業分とプライベート分を
分けられないと必要経費にできない

でも、商売繁盛を祈祷してもらってますよ？　事業をやっているから祈ってもらったんだと思うんですけど。

サラリーマンだって商売繁盛を願って参拝に行くよね。事業上の経費とプライベートな支出が混ざっているものを家事関連費というんだ。今回の祈祷代は何割が事業用に祈祷してもらって何割がプライベートの祈祷か分けられないじゃない？　そうすると、必要経費には入れられないんだよ。

法人は損金でいいのに、不思議ですね。

個人と法人はけっこう違いがある。寄附金は法人税法上で制限があるから全額が損金とはいえないけれど、個人よりは緩い取扱いとなっている。法人は利潤を追求するために設立されるから、基本的に支出するのは利益を上げるためと考えられるからね。

なんか不公平だな。

そう感じるかもね。まあでも仕方ないんだよ。表に店があって奥が自宅となっている個人商店を思い浮かべて欲しいんだけど、この店と自宅がくっついている状態のものを、所得税は正しい所得計算のために、なるべくきっちり分けなくてはならないんだ。だから、家事関連費のうち、合理的にこの分は事業に使ったといえるものだけ必要経費にできるとしているんだよ。

政治資金パーティー券は寄附金控除の対象にならない

甲さん、政治資金パーティー券買ってますよ。

個人事業主だからまず必要経費としての『寄附金』は消えるよね。

そうすると交際費ですかね？

政治資金パーティーに参加することが前提だけど、事業に関連する人達が参加していて業務遂行上必要といえるのであれば交際費。

といっても政治は事業というより一個人としての色を強く見られる可能性がある。よほど明確に業務遂行上必要といえる理由や参加者記録などがないと調査では厳しいだろうなあ。

寄附金控除を受けられたりしませんか？

個人事業主は政治資金パーティー券の購入は政治資金パーティーの対価として支払うものだから、寄附金控除の対象にならない、と国税庁のホームページにあるんだよ。

飲み食いの対価ってことか。

政党の党費や後援会の会費は個人事業主の寄附金控除の対象にならない

政治がらみ、難しいですね。

ほんとだね。他に個人事業主で政治家がらみで気をつけたいのが政党の党費や後援会の会費だね。必要経費にしたがるお客さんが多いんだよ。

党費なんて、めちゃくちゃ政治色強いですよね。

党の活動に参加するというのは個人的な信条に基づいてだから家事費。継続的、定期的に納入する金銭で、一定の規約等に基づいて支払うものは寄附金控除の対象にもならない。

政党の党費って法人だと損金になるんですか？

 そもそも、党員になる資格が法人にはないよ。

 え、そうなんだ、ちょっとネットで見てみます……。○○党の入党資格は満18歳以上で日本国籍を有する方、だって。

 ね。自然人じゃないと党員になれない。もし、従業員の党費を会社が払っていたらそれは入党した人の給与となるし、役員個人の党費なら役員賞与になってしまう。

 ああ、僕は社会勉強が足りない。

 給与になってしまうなら、源泉漏れ、役員賞与は損金不算入も待ってますね。

5 福利厚生費

個人事業主の夜食代は認められない

乙さん、やたら夜食代があるなあ、仕事大変みたいですね。

あれ？ 乙さんは従業員いなかったから、それはまずいな。

個人事業主の夜食代は福利厚生費にならない？

そもそも、福利厚生費というものが何かだよね。福利厚生費は、企業が労働力の確保・定着、勤労意欲・能率の向上などの効果を期待して、従業員の健康や生活の向上を支援する目的で提供する各種の施策・制度のことだから。

福利厚生は従業員が対象。個人事業主本人が対象ではない、か。

そういうこと。従業員を雇った場合、従業員の福利厚生の目的として残業時に食事を支給したり会社で飲み物などを購入したりするのは問題ない。

でも、個人事業主も遅くまで仕事をして食事をしたくなることもあると思うんですけど。

個人事業主が従業員と一緒に残業して夜食をとるのは事業に必要として認められるだろうけど、個人事業主一人の夜食は単なる食事と区別がしにくいから認められないよね。

個人事業主の経費って厳しいなあ。

法人で一人会社の場合、夜食代は認められない

法人の場合は？

個人事業主と同じように、取締役ひとりの法人では夜食などの福利厚生費は認められないだろうなあ。従業員を雇って初めて福利厚生という概念が出てくるというか。

そうですよね……。それなら、（株）丙のところは、社長の奥様を従業員としているから、夜食代は認められるんですか？

従業員といっても社長の家族なわけだから、家族で夕食を食べているのと変わらないと言われてしまうだろうね。どうしても業務上必要だったと客観的な証拠が示せるなら大丈夫だろうけど。

個人事業主も会社の役員も慰安旅行は条件付きでOK

この前、（株）丙のところで慰安旅行がありましたけど、奥様も従業員でしたよね。あの旅行は福利厚生費で大丈夫なんですか？

（株）丙は奥様の他にも親族ではない従業員が何人かいるからね。もし、社長と奥様だけなら家族旅行として見られてしまうけど。

一般の従業員がいれば問題ない？

一般の従業員と、家族従業員の扱いを同じにする必要があるね。社長と奥様だけ部屋をグレードアップしちゃったらアウト。

社長の旅費は経費になるんですか？

社長の旅費は、旅行に行く従業員の監督等が必要という理由があるから経費に計上できるよ。個人事業主であっても会社であってもこれは同じだね。

個人事業主本人の健康診断費用は認められない

親族ではない従業員がいても認められない費用もあるんだよ。

親族ではない従業員がいるのに？

人を雇うと、年に1回健康診断を受けさせる義務が発生する。これは労働安全衛生法という法律に定められているのだけれど、従業員に健康診断を受けさせる義務はあっても、個人事業主本人は受診義務の対象となっていないんだ。

個人事業主の受診は義務ではないからダメということですか？

そうだね。健康診断は事業を営んでいなくても受診することはあるよね。事業運営上必要かどうかと問われたときに、従業員のように受診が義務なら経費性を主張できるけど、義務ではないから主張できない。

法人役員の健康診断費用はOK

じゃあ、法人の役員の健康診断も経費にできないんですか？

確かに役員の健康診断は義務ではないけれど、実務上は従業員と同様に会社の経費にしているよね。国税庁のホームページで人間ドックの費用負担という部分があるんだけど。

役員や特定の地位にある人だけを対象としてその費用を負担するような場合には課税の問題が生じますが……一定年齢以上の希望者は全て検診を受けることができ、かつ、検診を受けた者の全てを対象としてその費用を負担する場合には、給与等として課税する必要はありません。

出典：国税庁質疑応答事例　「人間ドックの費用負担」

従業員と同じ健康診断なら役員分も経費でいけそうですね。

そうだね。ただ、この書きぶりからすると社長ひとりのいわゆる一人会社の場合、全社員に向けてというところを満たすかどうかは疑義が生じるけどね。

なるほど。一人会社は厳しいかもしれませんね。経費になるかならないか。判定は難しいですね。

税理士事務所の職員でも難しいところだから、お客様からの質問も多いところなんだ。でも、原則はひとつ。個人事業主であれば事業の経費と家事費の部分を合理的な理由で明確に分けられるのであれば必要経費に算入できる。

それが難しかったりして🌀

所得税法では青色申告とそうでない申告（白色申告）がありますが、家事関連費に関して必要経費に算入できる金額が違うと記載しているネット記事が多くあります。果たして本当でしょうか？　少し難しいですが条文、通達を読んでみましょう。

　まず、所得税法第45条第1項第1号にて、「家事上の経費」と「これに関連する経費で政令で定めるもの」を必要経費から除いています。政令で定めるものとは何でしょうか。それは、所得税法施行令第96条第1項第1号、2号に掲げる経費以外の経費であるとしています。つまり、1号、2号は必要経費に算入されるものであるということです。

　2号で青色申告する者は業務遂行上直接必要であったことを明らかにできる部分は必要経費に算入されるとしていますが、白色申告する者は1号にて、家事関連費の「主たる部分」が業務遂行上必要であり、かつ必要である部分を明らかに区分できるものを必要経費に算入されるとしています。白色申告する者は家事費と経費の混じった支出（自宅の一部を事務所にしている場合の水道光熱費など）があるときに、その支出の『主たる部分』が業務遂行上必要なものでないと必要経費にならないということになります。

　ここまでですと、確かに白色と青色の違いがありそうですが、所得税基本通達45-2において、ここでの「主たる部分」については50%を超えるかどうかで判断するとし、当該必要な部分が50%以下であっても、その必要な部分を明らかに区分できる場合は必要経費にすることができるとしています。つまり、通達によって、業務遂行上必要なものと明らかに区分できるのであれば、白色も青色も同様に必要経費への算入を認めているのです。

　ネットは疑問に思ったワードを検索サイトに入力すれば簡単にいろんな情報にアクセスできる便利な道具ですが、残念ながら間違っている情報もあります。業務に慣れてきたら時間をかけて自分で条文にあたって

みるのも大切だと思います（以下、条文への太字は筆者）。

所得税法第 45 条第 1 項

　居住者が支出し又は納付する次に掲げるものの額は、その者の不動産所得の金額、事業所得の金額、山林所得の金額又は雑所得の金額の計算上、**必要経費に算入しない。**

一　**家事上の経費**及びこれに関連する経費で政令で定めるもの

所得税法施行令第 96 条第 1 項

　法第 45 条第 1 項第 1 号（必要経費とされない家事関連費）に規定する政令で定める経費は、次に掲げる経費以外の経費とする。

一　家事上の経費に関連する経費の**主たる部分**が不動産所得、事業所得、山林所得又は雑所得を生ずべき業務の遂行上必要であり、かつ、その必要である部分を明らかに区分することができる場合における当該部分に相当する経費

二　前号に掲げるもののほか、青色申告書を提出することにつき税務署長の承認を受けている居住者に係る家事上の経費に関連する経費のうち、取引の記録等に基づいて、不動産所得、事業所得又は山林所得を生ずべき業務の**遂行上直接必要であつたことが明らかにされる部分**の金額に相当する経費

所得税基本通達 45 − 1

　令第 96 条第 1 号《家事関連費》に規定する「主たる部分」又は同条第 2 号に規定する「業務の遂行上直接必要であったことが明らかにされる部分」は、業務の内容、経費の内容、家族及び使用人の構成、店舗併用の家屋その他の資産の利用状況等を総合勘案して判定する。

所得税基本通達 45 － 2

　令第 96 条第 1 号に規定する「主たる部分が不動産所得、事業所得、山林所得又は雑所得を生ずべき業務の遂行上必要」であるかどうかは、その支出する金額のうち当該業務の遂行上必要な部分が 50%を超えるかどうかにより判定するものとする。ただし、当該必要な部分の金額が 50% 以下であっても、その必要である部分を明らかに区分することができる場合には、当該必要である部分に相当する金額を必要経費に算入して差し支えない。

6　火災保険の満期金

火災保険の満期金は一時所得

甲さん、火災保険が満期になって入金になりました。入金額と保険積立金額の差額は雑収入ですよね？

甲さんは個人事業主だから、火災保険の満期金は一時所得だよ。

一時所得？

事業所得の収入にはならないんだ。

なんでですか？

火災保険に加入して、満期になって得た所得は事業をやって得た所得じゃないからね。甲さんは建築業だもの、火災保険に加入して満期金で儲ける事業って聞いたことないよ（笑）。

あ、そうか。……といいつつ、一時所得って何ですか？

一時所得は、一時的、偶発的に生じた所得で、しかも他の所得分類に該当しない所得だね。テレビの懸賞に応募して当たった、なんていうのは一時所得になるんだ。

なるほど、懸賞は偶発的ですよね。
でも火災保険の満期金が偶発的？

259

火災保険の満期金を受け取る、というのは、**たまたま満期の時期まで火災にあわなかったから受け取った**、と考えれば偶発的に生じたものといえるよね。

たまたま火災にあわなかった、ちょっと怖いけどそういわれてみれば偶発的ですね。でも、事業を営んでいて、火災にあったら困るから火災保険に加入しているんだし、知らなかったら事業所得の雑収入にしてしまいそうですよ。

担税力によって所得を 10 種類に分類

所得税は、所得を 10 種類に分類する。それぞれの所得により課税所得の算出方法が違う。この分類は、所得の種類による担税力の違いを考慮して分けられているんだ。

担税力？

税金を負担する能力、ってとこかな。毎年入る給料と、たまたま入った臨時的な収入だったらどっちが担税力が高い？

給料です。

正解。だから、一時所得は課税所得が低くなるように計算式が作られている。課税所得を計算して比べてみようか。

---

300 万円の収入が、
給与所得の場合……300 万円－（300 万円×30％ ＋ 8 万円）＝課税所得は
　　　　　　　　　　202 万円
一時所得の場合……（300 万円－ 50 万円）×1/2 ＝課税所得は 125 万円

全然違う……。

そうだね。火災保険の満期金は事業所得のような営利を目的とする継続的な行為からの収入ではないし、労働や役務の対価でもない。満期が来る前にたまたま火災にならなくて受け取ったものだから担税力が低いと考えられているんだ。

法人の所得は1種類

法人だと？

法人税は、法人は利潤を追求するものであるとの前提に立っているから、資本取引以外なら臨時的な収入や対価性のないものも全て益金となるんだ。

法人の所得に種類はないということか……。

損害保険金、個人は非課税、法人は課税

資産の損害に基因して支払を受ける損害保険金は、所得税は非課税（所得税法施行令第30条）となる。火災保険なら火災にあって損害を受けた部分の補てんであって、儲かったわけではないからね。

法人の場合はなんでも課税。

資本取引以外はね。

261

個人でも損害保険金が課税されることも

注意してほしいのが、個人事業主が商品などの棚卸資産の損害について保険金を受け取った場合だね。この場合は事業所得の金額の計算上、収入金額に算入する（所得税法施行令第94条第1項）ことになっているんだ。

商品がなくなって入ってきた保険金は事業所得……それはなんとなくわかります。

7 車両を売却したとき

個人事業主が車両を売却したら譲渡所得

 甲さん、車を売却したみたいです。

お金大変なのかな……。個人事業主が事業用資産を売却したら
譲渡所得になるから気をつけてね。

 え？ 譲渡所得ですか？

そうだよ。法人と全く違うから気をつけないとね。事業で使っ
ている土地建物、什器備品なんかも譲渡所得になる。

 事業の雑収入にならないんですか？

甲さんの事業は植木屋さんでしょ？ 車を売るのが事業じゃな
いから、事業所得にはならないんだよ。

 なるほど……。といいつつ、譲渡所得ってなんですか？

資産の譲渡による所得を譲渡所得というよ。

譲渡所得の対象となる資産
土地、借地権、建物、株式等、金地金、宝石、書画、骨とう、船舶、機械器
具、漁業権、取引慣行のある借家権、ゴルフ会員権、特許権、著作権、鉱業権、
土石（砂）など。貸付金や売掛金などの金銭債権は除く。

263

```
現    金 22,000 ／ 車    両 10,000   ⎫
                   事 業 主 借 12,000   ⎬ 課税売上高は 22,000 円
                                        ⎭
```

 車両売却益ではなくて、事業主勘定で処理するんですね。

事業所得ではなく譲渡所得なわけだから、事業の利益に計上できないからね。

なるほど。

甲さんは消費税課税事業者だったよね。譲渡所得も課税売上高になるから消費税の申告書作成システム上で計上するのを忘れないようにしないとね。

8 受取利息

受取利息は事業所得には含まない

竹橋くん、受取利息が雑収入に計上されているけれど、甲さんは個人事業主だから受取利息は雑収入に入れないよ。

 え？

法人だと受取利息は収入として計上するけれど、所得税において受取利息は事業所得ではないからね。

 これも法人とは違うんですね。

確定申告書の第1表をみてごらん。利子所得ってあるでしょ。

 あります。

ね。別の所得だから事業所得の収入には入れないんだ。

事業所得に関係のないものは事業主借と事業主貸

ついでだから説明すると、個人事業主の通帳には、事業に関係のない入出金がどうしても入り込んでしまうことがある。事業には関係ないから除外したいけど入力しないと残高が合わなくなる。そんなときは事業主借、事業主貸勘定を使うよ。

 利息の仕訳は……、預金／事業主借ですか？

265

そう。店が自宅の一部の場合、固定資産税は自宅分と店の分一緒に請求が来るよね。そんなときも事業主勘定を使って、分けて入力する。

事業使用分……租税公課／預金
自宅使用分……事業主貸／預金

なるほど。

利子所得は分離課税

確定申告書の第1表に利子所得があるということは、預金通帳の受取利息も申告しなきゃいけない、ってことですか？　僕、申告したことないですけど。

ああ、申告はいらないんだ。所得税法第22条で利子所得は総合所得に分類されているけれど、租税特別措置法第3条で源泉分離課税とされているから。

措置法で分離課税になっているんですね。

そう。銀行が利息を源泉してくれているから、確定申告書に記載する必要はないんだよ。

……といいつつ、分離課税って何ですか？

給与、事業、雑なんかは総合課税といって、所得を合計して税額を計算するんだけど、分離課税は他の所得と合計しない。

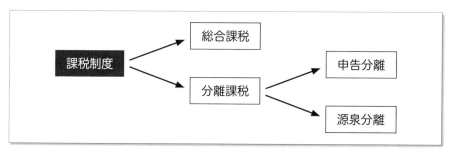

分離には申告分離と源泉分離があって、源泉分離は所得税が天引きされて課税関係が終了する。申告する必要がないんだよ。利子所得は源泉分離課税なんだ。

法人は国税のみ源泉されている

預金利息からは、個人の場合、国税 15.315% の他に地方税 5%も源泉されているけれど、法人の場合は国税のみ源泉されているんだ。

こんなところも個人と法人は違うんですね。

日本の中小法人はかなりの割合で赤字なんだ。赤字の場合、地方自治体は銀行が源泉した税金を返さなきゃいけないけど、この数円を還付するための手間と振込手数料がバカにならない。

確かに。

それで、法人の地方税分は源泉するのをやめたんだよ。

個人の場合、還付はない

 あれ、そうすると個人で納税がでなかったら利息から源泉された税金が還付される？

 いや、源泉されて課税関係が終了するから、たとえ他の所得が赤字であっても源泉された税金は還付されないんだよ。

 残念、返ってくるのかと思ったのにー。

 今のご時世、天引きされてる税金なんて何円かだよ（笑）。

売りものを自分で消費すると売上

 ただいま戻りました。

 お疲れ様。あ、そのビニール袋いっぱいの里芋は……
甲さんのところに行ってきたね。

 そうなんです。こんなにたくさん里芋を持たせてくださいました。

 この時期は毎年くれるんだよ。
これ、売上に計上しなきゃいけないんだよね。

 え？　売上ですか？

 小売店が売りものの商品を自分で使用したり、農家が作った野菜を自分で食べると売上に計上する必要がある。これを「自家消費」というんだ。

 そんなところまで課税されるんですか❓

 『マルサの女』という映画を観たことはあるかな？

 いえ、題名は聞いたことあるんですけど……。

2
月

9
自
家
消
費

269

この映画の中に自家消費を扱った場面があって、小さな商店が店の売れ残りを夕飯で食べているということで収入計上をしろと調査官に言われて激怒する、という場面だったと思うんだけど、税法と一般人の感覚のズレを見事に表していたよ。

税理士事務所に勤務している人は、ぜひ一度観てほしいね。きちんとしたものを制作してほしい、と国税庁が全面的に協力した映画なんだよ。

 そうなんですね、さっそく観てみます。

もらった里芋は売上で交際費

自分で食べた場合は、 事業主貸／売上 という仕訳になるよね。松木さんがもらってきた里芋は、 交際費／売上 という仕訳になる。松木さんは事業関係者だからね。

自家消費の金額はいくら？

 なるほど。里芋が交際費か。金額はいくらで計上するんですか？

売上に計上するときの価額は、原則は売価だよ。小売りなどで仕入れ値がわかるものは仕入れ値が売価の7割以下なら売価の7割。

 農家は仕入れ値はわからないから売価ですね。

そうだね。自家消費は税務調査で必ずチェックされるから、計上を忘れないようにしないとね。

自家消費の計上を忘れると消費税に影響がある

自分で食べた分は収入に計上しないとダメでしょうけど、もらった里芋は、収入と費用が両建てで損益には影響がないから計上しなくてもいいような気もするのですが……。

確かにそうだけど、それだと総額主義に反してしまう。自家消費分の仕訳を省略すると、課税売上の金額がその分小さくなってしまう。消費税の納税義務の判定や、簡易課税のときに影響が出てしまうよ（消費税法基本通達 5 － 1 － 2）。

なるほど、消費税の問題があるんですね。

 所得税と消費税にはズレがある

　自家消費の部分ですが、消費税には、所得税とは別の規定があります。消費税では仕入れ値より高ければ売上の 5 割を自家消費として計上すればよいとしています。参考に基本通達の番号を載せておきます。

所得税基本通達 39 － 1、39 － 2

消費税法基本通達 10 － 1 － 18

　所得税も消費税も、仕入れ値等よりも低い金額での自家消費計上は認められませんが、所得税法では売価の 7 割、消費税では 5 割と違いがあります。仕入れ値が売価の 7 割以下の場合であっても、仕訳で所得税と消費税をわけて処理するのは実務上煩雑なため、所得税法に合わせる形（売価の 7 割以上）で処理をするケースもあると思われます。

271

3月

3月に入り、確定申告も終わりに近づいてきました。

あとは申告内容と税額をお客様に報告し、

納税を忘れないように注意喚起したら、申告です。

確定申告時期は、資料回収や申告内容の報告のために

持ち歩く書類が増えますが、これらは個人情報です。

うっかり電車に置き忘れてしまうことなどないよう、

取扱いには十分注意しましょう。

1　確定申告期限と振替納税

申告期限

今更だけど、申告期限の復習をしておこうか。

所得税は毎年 3 月 15 日で、
土日祝日に当たった場合、翌日になります。

消費税は？

消費税は毎年 3 月 31 日で、
土日祝日は所得税と同じように翌日になります。

そうだね。納税は？

申告期限と同じです。

予定納税と振替納税

納税は 1 年に 1 回じゃないんだ。所得額によっては予定納税といって、税金の前払いをしておかなくてはいけない。それが年に 2 回。消費税は消費税の額によって中間が 1 回、3 回、11 回発生する。

お客さんの通帳から税金が勝手に引き落とされるヤツですね。

それは振替納税だね。『口座振替依頼書』を税務署に提出しておくと振替日に勝手に口座から税金が引き落とされる。振替納税にしておくと納付を忘れるということがないから便利だよ。

あと、振替納税を利用すると、申告期限よりも納付日が遅くなるんだ。

 なんかお得な感じがする。

税務署が申告書を受け取ってから引落をかけるから申告日イコール引落日にできないからね。振替納税だと所得税の納付日は4月20日頃、消費税は4月25日頃。

（金融機関経由印）　　　納付書送付依頼書

税務署長　あて

氏名　　　　　　　　　　　　　印

・ 申告所得税及復興特別所得税（1期分、2期分、確定申告分（期限内申告分）、延納分）
・ 消費税及地方消費税　（中間申告分、確定申告分（期限内申告分））

私が納付する　　ご利用にならない税目については、二重線で抹消してください。この場合印鑑は不要です。　について、

令和　年　月　日以降納期が到来するものを、口座振替により納付したいので、納付税額等必要な事項を記載した納付書は、指定した金融機関あて送付してください。

※税務署整理欄　整理番号　　　　　　　　　　金融機関番号

振替区分　　入力日付　　　　　　　送付日付

預貯金口座振替依頼書

金融機関名　　　　　　　　　　　　　　令和　年　月　日

銀行・信用金庫　　　　　　　　　　本店・支店
労働金庫・信用組合　　　　　　　　本所・支所　御中
漁協・農協　　　　　　　　　　　　出張所・

あなたの住所　（〒　　−　　）　電話　　（　　　）

（申告納税地）

（フリガナ）

氏名　　　　　　　　　　　　　　　　　　（金融機関お届印）

金融機関

振替納税で気をつけたいのは3つ。まず1つ目は振替日の残高。振替日に残高が不足していれば延滞税が発生してしまう。申告内容の説明のときに、振替日と残高に注意して欲しいと一言添えたほうがいいね。

2つ目は引っ越しをすると新しい所轄税務署へ新たに振替納税依頼書を提出しないと振替納税にならない。

 3つ目は？

申告が期限後申告になってしまった場合、振替納税は使えなくなってしまうから、振替納税以外の方法で納税しなくてはならない。

確定申告も無事終了し、また桜の季節となりました。

新人だった2人もこの1年でいろんなことを学び成長したようです。

4月に入ってすぐのことです。

梅沢先輩が虫垂炎で手術が必要となり、出社できなくなってしまいました。

梅沢先輩は今期から大企業の子会社となったK（株）の担当をしています。

大企業の子会社は連結決算のために

4月の早い段階で数字を出さなくてはなりません。

K（株）への資料提出期限は4日後。

所長は竹橋くんにK（株）の決算をまとめるように指示を出しました。

梅沢先輩は4日後にはまだ出社できないとのことで、

竹橋くんは大ピンチです。

どうしよう、僕にできるのかな。

手伝うわ！　私は前の会社、大会社の子会社だったの。出せって言われている資料はどんな感じ？……財務報告書類、梅沢先輩がある程度埋めてくれてるわね。子会社といっても特殊なところはたぶん税効果くらい。あとは、中小企業には使える特例が、ほとんど大会社はダメとか、要件がきつくなっているくらいだから。

ありがとう、助かるよ。

備品を年度末に購入してるけど、大企業の子会社は30万円未満の減価償却資産の特例は使えないの。だから、10万円以上20万円未満のものは一括償却資産、20万円以上のものは全部資産計上。

そうか、30万円未満の特例は中小企業向けの税制だったね。

上場株を持ってるわね、3月末の終値をネットで見てみて。時価評価するから。税効果が絡むの。

わ、わかった。

引当金に気を付けて。賞与引当金とか退職引当金とか、このあたりも税効果に影響するから。

う、うん、了解。

交際費は 5,000 円超の飲食費を拾って！
その半分を損金不算入ね！（令和 2 年税制改正で資本金等に注意が必要となります）

中小の 800 万円はないんだったね✏

とうとう報告日が明日となってしまいました。別表を印刷して正しく処理ができているかどうか確認が終わればこれで終了ですが……。

はあ、やっとどうにか形になったかな。中小じゃないから軽減税率はなくていいし。あれ？　別表三（一）って……初めて見たよ。

別表三（一）？　あ、留保金課税ね、これ、法人税法勉強していると捨て問題なのよ。

え、そうなの？　そしたら僕にわかるわけないな。明日資料出して説明しなきゃいけない。こんなわからないものをどうやって説明しよう。

ちょっと待って。
前にいた会社で留保金課税なんて見たことないのよ。

じゃあ、ほんとにわからないよね……。

そうじゃなくて、確かに私もわからないんだけど、留保金課税って特定同族会社が対象なんだけど、……K（株）は親会社が上場会社でしょ？　特定同族会社には当たらないから、留保金課税はないはずよ！

279

え、だって、別表三（一）が出てきてる……。

 たぶん、システムの設定なんじゃないかしら？

 あ、これかも！

 たぶんそうよ、これで別表出しなおしてみて！

 できたあ〜！

 よかった、なんとかなったわね！
所長にチェックしてもらわなきゃ！

数日後、梅沢先輩がようやく出勤してきました。2人は力を合わせて頑張ったことを先輩に報告しています。

 というわけで、先輩がいなくて一時はどうなることかと思ったけど、松木さんが助けてくれたし、システムに頼りっきりでしたけどなんとかなりました。

いやあ、ほんとに悪かったよ。何度も電話しようと思ったんだけど、所長からあの2人に頑張らせてみなさいと止められていたんだ。途中で音を上げるかと思ったけど最後までやりきったと所長もほめていたよ。

 松木さんのおかげだよ、ありがとう。

ほんとに今回松木さんは大活躍だったね。

 そんな風に言われるとちょっと照れます。

 ここまでやれるなら、松木さんは税理士事務所でやっていける素質は十分持っているよ。もう少し頑張ってごらん。

 ？

 実は、試験も受からないし、私はあまりこの業界向いてないんじゃないかって思っていたの。

 そんなことないよ！　法人税は難しいからね……でも、松木さんは頑張れると思う。

 ありがとう。仕事で頑張れると、なんだか勉強も頑張れる気がしてきた！

　過去の経験のおかげでピンチを乗り越えることができて、松木さんもまんざらではなさそうです。自分に自信を持っている時とそうでない時ではパフォーマンスに差が出るもの。松木さんの今後に期待ができそうです。
　仕事も勉強も、どちらも山あり谷あり。いい時はそれを維持できるように、悪い時は影響を最小限にとどめられるように、ストレス発散方法などをいくつか自分なりに用意しておくのも受験期間を乗り切るコツかもしれません。

2人とも税理士事務所で一回りしたから、今後のあるあるの話をしておくとね。

？

これからは去年の間違いを発見して青ざめることがあるかもしれないんだよね。

……

こんな経験は税理士事務所に勤めていれば必ずあるんだ。ある意味当たり前。

当たり前？

だって、去年より成長しているんだから。間違いがない方がいいけれど、残念ながらあるんだな、これが。期限に追われてする作業だから、やっぱりミスはあるよね。

ですよね……。

間違いを発見したあと、どうするか。僕はこっちが重要だと思うよ。間違いの理由はいろいろある。知識不足とか勘違いとか。間違いの原因を考えて勉強や反省もいいんだけど、まず所長、上司に報告すること。これを間違いに気づいた時に即やらないと、最後は事務所を辞めることになるんだ。

どうして？

間違いを発見したときに言わないと、だんだん言い出しにくくなるんだ。ひとりで抱え込んで、どうしようと悩んで、最後、バレる前に辞めちゃおう、となる。

なるほど……。

怒られるかもしれないけど、一時だよ、我慢！　所長だって僕だって間違いが発生しないとは思っていないよ。本当は間違いを防ぐ体制を整えていない事務所の責任なんだから。言わないで、あとあと事が大きくなってしまった時の方が大変。これが原因で辞めるのは本当にもったいない。

私、ちょっとそのタイプかも（笑）。

僕は間違いを黙っていられないタイプだなあ。

上司からすると松木さんタイプが特に心配だね。

言えなくて、どうしようと悩んでしまうタイプです。

どうしよう、とひとりで悩む時間はつらいと思うんだ。さっさと言ってしまって楽になろう。繰り返しになるけど、こっちも間違いが発生しないなんて思っていないんだ。

間違いを直すことで、間違いにどう対処すればいいのかも学ぶことができる。間違いを直すことができるというのは仕事をしていく上でとても重要なスキルだからね。全部貴重な経験。無駄なことは何もないよ。無駄なのは、どうしようと悩んでいる時間の方だよ。二人なら大丈夫。一緒に頑張っていこう！

はい！

283

おわりに

　ここまで読んでくださってありがとうございます。税理士事務所に入所して 3 年目までに知っておきたい内容をまとめたつもりですが、いかがでしたでしょうか？

　初めまして。この本の著者の高山弥生です。少し、私の身の上話をさせてください。

●執筆動機

　私が『税理士事務所』に入所したのは干支が一回り以上昔のことです。従業員 18 人くらい、うちパートさんが 2 人。10 人くらいの先輩たちは勤続年数が長く、仕事はできるが外回りをしているのでほとんど事務所にいません。下 6 人くらいがいつも入っては辞め、入っては辞めていく状態でした。

　ひとりふたり教えてくれた先輩はいましたが、先輩たちも忙しいですし、わからないことばかりで、何を調べればよいかすらわからない状態でした。

　そんな入所したての従業員であったとしても、お客様にとっては税金のプロです。お客様のところに 2 回目からはひとりで行かなくてはならず、質問されても答えられないのではと気が重かったのを覚えています。

　所長も先輩たちも忙しくて OJT で教えるにも限界があり、新人が育てられない業種であるのに新人に求められるレベルが高く、給料は低く、残業は多い。この三重苦に耐えられず、1 年も耐えられずにやめていく後輩たちを私は何もしてあげられないままたくさん見送ってきました。

　あれから時を経て日本も変わり、働き方改革が叫ばれるようになり、職場環境は税理士事務所といえども随分と変わってきました。しかしながら、税理士事務所の新人教育はまだまだ変わっていないのが現状です。

　あの頃の自分と同じ境遇のまだ見ぬ後輩たちが、「石の上にも 3 年」といわれる 3 年を耐えるための本を書きたい。これが執筆動機です。

　所長や先輩、同僚との人間関係やお客様との兼ね合い、勤めているとほかにもいろいろな悩みがあるとは思いますが、知識の面は自分で頑張れば解決できます。仕事の面でも人間関係の面でも、職歴が短いと不利なことが多いですが、3 年経てば見える景色が変わってきます。みなさんにぜひ今と違う景色を見てほしいという思いを込めて書きました。

●給料をアップさせるには

　事務所に慣れてくると、所長の考え方や事務所の収益構造が見えてくるのではないでしょうか。

　私が最初に勤務した税理士事務所は従業員には営業をさせませんでした。実力主義で、資格なんて関係ないため資格手当はありません。給料はだいたい売上の3割程度。そうすると、大きな関与先を持っている人は給料がたくさんもらえます。大きな関与先は先輩たちががっちり握っているので下っ端には回ってきません。回ってきても教えてもらえないのでは新人にできるはずもないし……先輩たちは家庭もあるし、そう簡単には辞めません。

　面倒見のいい先輩に頼んで、監査に連れて行ってもらって仕事を覚え申告書を作らせてもらい、新しくきたお客さんの担当ができるよ、と所長にアピールしました。もちろん、「月次で先輩がしっかり見てるから申告書をお前でもつくれるんだぞ」と所長に言われはしましたが、そのうちにぽつぽつと担当が増えました。

　その事務所は、個人の資産家がとても多い事務所でした。相続も結構な件数があります。相続ができる先輩たちだけではいっぱいいっぱいなくらいでした。私はそこに目をつけ資産税の勉強を始めました。

　相続税の受験はしていなかったので、専門学校の相続税の講座を受講し、CFPや宅建の資格を取得しました。所長はそれを認めてくれて相続の仕事を回してくれるようになりました。

　相続で頑張れば下っ端でも結構な金額の売上が上がります。入所して4年。この頃、やっと息ができるようになったと感じたのを覚えています。

　みなさんがお勤めの事務所は何を評価していますか？　どんな業務が重要で、どんな人材が不足していますか？　営業を評価したり、資格を評価したり、法人の顧客が多かったり、個人の顧客が多かったり、事務所によってさまざまだと思います。このあたりを考えて事務所のニーズに応えられれば、給料はおのずと上がると思います。あとは所長とのコミュニケーションを避けないことです。

●所長とのコミュニケーションを避けてはいけない

　何をやりたいか、何が今つらいのか、何がわからないのか。これは従業員から伝えないと所長はわかりません。所長はとにかく忙しく、何も言われなければ問題なく事務所が回っていると考えています。こんなことを言ったら怒られるかな、などといろいろ考え込まずに、自分の考え、思ったことを言葉できちんと伝えてください。所長は従業員に長く勤めてほしいと思っていますから、きちんと伝えればすぐには難しくとも考慮してくれるはずです。

●税理士資格は必要か

　本書の中で、活躍する方法は資格だけではないですし、資格に人生の他の楽しみをすべて捨てるほどの価値はないと書きましたが、でも税理士は楽しいといえます。資格があるから私の話を聞いてくれる人がいます。資格があるからあなたはこの本を手に取ってくれました。そうやって、資格が私の世界を広げてくれたのは確かです。

　近年、女性の社会進出は目覚ましいものがありますが、男性と比較するとまだ天と地ほどの差があります。男性は一生働くことを許されていますが、女性は産む性であるがゆえ、どうしても仕事量を抑えざるを得ない時期があります。非正規雇用に甘んじることも少なくありませんし、環境が整わなければ最悪の場合、仕事を辞めるのは女性です。そんな女性という性を持って生まれた私に、税理士資格は仕事を続けていいと許可をくれたのです。

　もとより、男性も税理士資格を持って活躍している人は本当に楽しそうに仕事をしています。年配の経営者が若手税理士の意見を聞いてくれるのは資格があるからこそでしょう。たくさんの方と出会い、たくさんの方の悩みを聞き、たくさんの方から感謝してもらえる。税理士という仕事を選んで本当に良かったと思っています。

　人は、人生の中で睡眠の次に長い時間を仕事に費やします。その長い時間を費やすため、この面白い仕事を一生の仕事に選ぶ仲間が１人でも増えるきっかけにこの本がなることを願ってやみません。

　最後に、本書を執筆するにあたり、多くの方にお世話になりました。出版のきっかけをくださった税務研究会の川筋優様、本書の企画に全面的なサポートをしてくださった税務研究会の加島太郎様、田中真裕美様、企画の段階から相談に乗っていただき、貴重な意見をくださった税理士の花島恵様、社会保険労務士・行政書士の徳永潤子様、かわいい３人のイラストを書いてくださったイラストレーターの夏乃まつり様、本当にありがとうございました。

　１番目の師匠である税理士の故山田邦昭先生、２番目の師匠である税理士の小口守義先生、私のようなはねっかえりを根気強く育ててくださり感謝しかありません。小口先生、これからもご指導よろしくお願いいたします。

　尊敬する税理士の一人であり、夫である村田顕吉朗、あなたの公私に渡るサポートのおかげでこの本を書き上げることができました。いつもありがとう。

読んでくださった皆様の『税理士事務所に入ってからの3年』を本書が少しでも支えられたら、これ以上の喜びはありません。

　令和2年2月

税理士　高山　弥生

著者紹介

高山　弥生 （たかやま　やよい）

　税理士。ベンチャーサポート相続税理士法人所属。1976 年埼玉県出身。

　一般企業に就職後、税理士事務所に転職。顧客に資産家を多く持つ事務所であったため、所得税と法人税の違いを強く意識。「顧客にとって税目はない」をモットーに、専門用語をなるべく使わない、わかりやすいホンネトークが好評。

　自身が税理士事務所に入所したてのころに知識不足で苦しんだ経験から、にほんブログ村の税理士枠で常にランキング上位にある人気ブログ『3分でわかる！会計事務所スタッフ必読ブログ』を執筆している。

『3分でわかる！会計事務所スタッフ必読ブログ』
はこちらから▶

本書の内容に関するご質問は、税務研究会ホームページのお問い合わせフォーム（https://www.zeiken.co.jp/contact/request/）よりお願いいたします。なお、個別のご相談は受け付けておりません。

本書刊行後に追加・修正事項がある場合は、随時、当社のホームページ（https://www.zeiken.co.jp/）にてお知らせいたします。

税理士事務所に入って3年以内に読む本

令和2年3月31日　初版第1刷発行　　　　　　　　　　（著者承認検印省略）
令和5年7月31日　初版第8刷発行

©著者　　　　高　山　弥　生

発行所　　　税 務 研 究 会 出 版 局

週　刊「税務通信」「経営財務」発行所

代表者　　　山　根　　毅

〒100-0005
東京都千代田区丸の内1-8-2　鉄鋼ビルディング
https://www.zeiken.co.jp

乱丁・落丁の場合は、お取替え致します。　　イラスト　夏乃まつり
印刷・製本　テックプランニング株式会社

ISBN978-4-7931-2507-2

法　人　税　関　係

《2023年4月1日現在》

〔改訂版〕同族会社のための「合併・分割」完全解説

太田 達也 著／A5判／368頁　　　定価 **2,750** 円

同族会社の合併・分割の税務・会計について、基本的事項から実務レベルの必要事項や留意事項までを事例や図表を豊富に用いて総合的に解説。平成29年の初版発行後の税制改正を踏まえ最新の法令に基づいた加筆修正をし、わかりやすさを向上させるため事例や図表を多数追加した改訂版です。**2022年10月刊行**

〔第3版〕みなし配当をめぐる法人税実務

諸星 健司 著／A5判／224頁　　　定価 **3,080** 円

合併、資本の払戻し、残余財産の分配、自己株式の取得など、みなし配当に関する規定を図表や具体的な事例を用いて系統的に解説した好評書の改訂版です。令和3年3月11日の最高裁の判決に基づき令和4年度税制改正において整備された資本の払戻しに係る所有株式に対応する資本金等の額等の計算方法などを追加。**2022年11月刊行**

〔令和4年度改正版〕電子帳簿保存法対応 電子化実践マニュアル

SKJコンサルティング合同会社 編・袖山 喜久造 監修
A5判／472頁　　　定価 **3,850** 円

単なる電帳法の説明ではなく、税法に準拠した適正な業務の実践的な電子化を解説し、業務処理と記録管理の実施を解説しています。「紙の伝票や帳簿に記載する基本原則」から「電子的な伝票や帳簿にデータを入力する基本原則」へのスムーズな対応について、経理の最前線で日々コンプライアンスと業務効率化のために格闘されている第一線の方々に是非ご活用いただきたい実務書です。**2022年6月刊行**

経理プロフェッショナルのための 法人税品質管理マニュアル

太陽グラントソントン税理士法人 編／A5判／428頁　定価 **4,950** 円

税務コンプライアンスの観点から、経理担当者が日々の税務処理や法人税の申告実務を行う上で心得ておくべき法人税に関するリスク要因となる論点をピックアップし、取引形態別に分類してその論点に付随する解説を行っています。実務上ミスをしやすい（ヒヤリハット）、税務調査で指摘されやすい論点などは、Q&A形式にまとめ、実務上の留意点とともに記載しています。**2022年6月刊行**

税務研究会出版局 https://www.zeiken.co.jp/

※ 定価は10%の消費税込みの表示となっております。